Nacido en Grecia en 1944, Andreas Staïkos es conocido, sobre todo, como director teatral, dramaturgo y maestro de arte dramático. También ha desarrollado una importante carrera como traductor al griego de autores clásicos franceses, tales como Miravaux y Molière. Asimismo, ha colaborado como argumentista en varias películas realizadas en su país natal. *Las relaciones deliciosas* es su primera novela.

PARA ESTAR EN EL MUNDO

Las relaciones deliciosas

El día siguiente

Las relaciones deliciosas

Andreas Staïkos

OCEANO

Editor: Rogelio Carvajal Dávila

LAS RELACIONES DELICIOSAS

Tradujo Roberto Rafael Arteaga Mackiney
de la edición de Arville Press, Londres, 2001

D. R. © EDITORIAL OCEANO DE MÉXICO, S.A. de C.V.
Eugenio Sue 59, Colonia Chapultepec Polanco
Miguel Hidalgo, Código Postal 11560, México, D.F.
☎ 5279 9000 📠 5279 9006
✉ info@oceano.com.mx

PRIMERA EDICIÓN

ISBN 970-651-616-6

IMPRESO EN MÉXICO / PRINTED IN MEXICO

ÍNDICE

PÉRFIDO PEREJIL

Fue el delicado aroma a comida que emergía del balcón de un departamento ubicado en el sexto piso del número 18 de la calle Averof lo que permitió que Damocles Dimou y Dimitris Isavridis se conocieran.

La primera vez que ambos se encontraron estaban esperando el elevador. Al principio sólo hubo un intercambio de "holas". Luego, mientras bajaban, Damocles, quien era el más expresivo de los dos, rompió el silencio:

–Según parece, el perejil no escasea en su casa, ¿verdad vecino? Supongo que lo usa en ensaladas.

A Dimitris Isavridis esta observación lo irritó profundamente y provocó en él diversos pensamientos, uno de los cuales era que el sujeto con el que estaba compartiendo el ascensor era un entrometido. La cocina de Dimitris se abría hacia un balcón y él pudo imaginarse a su vecino con la cabeza sobresaliendo de la división de vidrio esmerilado y torciendo hábilmente el cuello para espiarlo. Dimitris supuso que se trataba de uno de esos mirones empedernidos, de un voyeur con aficiones culinarias. Y, por supuesto, tenía razón respecto a lo del perejil. Él lo consumía en grandes cantidades. Solía ponerlo en un pequeño plato, habiendo quitado primero los tallos y cortado delicadamente las hojas con unas pequeñas tijeras. De esta forma, los minúsculos pedazos de hoja, de un verde profundo, caían como confeti sobre la superficie del plato, resbalando gozosos del filo de las tijeras.

Pero ¿qué más habría visto este despreciable voyeur? ¡Oh, no! Quizá lo sorprendió alguna vez medio desnudo, vistiendo solamente un gorro de chef y un mandil. Y es que a Dimitris le gustaba cocinar después de hacer el amor con Nana, durante las pausas que tomaban para descansar. Seguro que también había visto a Nana completamente desnuda, pues ella solía pararse al lado de Dimitris mientras él exprimía un limón o salteaba alguna pieza de pollo. El infame vecino debió haber presenciado todo esto. Al pensarlo, Dimitris se estremeció, pero no dijo nada.

Damocles, por su parte, supuso que el otro no sólo era un introvertido, sino también un tipo antisocial, pues ni siquiera se había dignado a responderle. Le resultó difícil creer que fuera él mismo quien cocinaba. Más bien le pareció uno de esos solterones intratables que todavía viven con su mamá. Seguro era ella, o quizá una tía del mismo pueblo, la que preparaba los alimentos en su casa.

Cuando salieron del elevador, Dimitris, recobrando la compostura, preguntó:

–¿Le gustaría acompañarme a tomar un café por ahí, en el camino?

–Con gusto —respondió Damocles un poco sorprendido por lo inesperado de la invitación y preguntándose si no había juzgado precipitadamente a su taciturno vecino.

Ya instalados en el café, los dos hombres guardaron silencio. Fumaron un cigarro tras otro lanzando profundas bocanadas. Finalmente, Dimitris se armó de valor y lanzó la pregunta que le había estado rondando en la cabeza:

–¿Por supuesto que ha visto el lunar alargado que tengo en mi nalga izquierda?

Damocles se quedó pasmado.

–No finja. Admita que lo ha visto —continuó Dimitris. Si no lo ha visto, no se lo reprocho. Después de todo, hay espectáculos más irresistibles que el lunar de mi trasero. Por ejemplo, las sandalias de tacón alto que usa mi novia. Usted sabe, esas que tienen borlas negras. No le puedo reprochar que se haya excitado con ellas. ¡Oh! ¡Esas plumas! ¡Esas delicadas plumas de avestruz! Y el carmín iridiscente de las uñas de sus pies —añadió, sin hacer pausa para respirar.

Damocles se quedó helado. Al escuchar la descripción de las sandalias se dio cuenta de que debían ser idénticas a las que él le había regalado a *su* queridísima Nana. Y "el carmín iridiscente de las uñas de los pies" le retumbó en los oídos como una campana.

–Vamos, admítalo —Dimitris insistió montando en cólera. Explíqueme cómo es que está tan bien informado sobre la cantidad de perejil que consumo.

Atónito, Damocles se tomó rápidamente el ouzo que había ordenado, el cual encendió su interior y le infundió suficiente ánimo para elaborar una extensa respuesta, cuya formulación, sin embargo, fue llana y poco expresiva.

–Es muy sencillo. El hecho de que la fragancia del perejil logre llegar hasta mi departamento, superando la barrera aromática de jazmines, gardenias y sabe Dios qué otras flores de su balcón, me indica que emplea grandes cantidades de perejil, y me hace suponer también que este perejil está destinado a ensaladas. Para lo cual se requiere de mucho tiempo para picarlo antes de llenar un cuenco de buen tamaño, junto con un poco de ajo —uno o dos dientes— diestramente machacado, mezclado y sazonado con una pizca de sal, un poco de aceite y unas gotas de jugo de limón para afinar su sabor.

Esta precisa descripción de su ensalada reforzó las sospechas de Dimitris. Era un hecho que Damocles lo espiaba y, por lo tanto, estaba familiarizado con cada detalle de su vida diaria. Así que se embarcó en un interrogatorio digno de un detective. Trataba de que su interlocutor se contradijera y confesara.

–¿De modo que el aroma del perejil le basta a usted para deducir la receta íntegra con todo y cantidades? ¡Sobresaliente! —afirmó con sarcasmo Dimitris. ¿Debo suponer que también sabe con qué acompaño la ensalada?

–En mi humilde opinión, una ensalada como ésta podría servirse con otras tapas, tahini, por ejemplo, o, incluso, con taramasalata. Pero unos hors d'ouvres como filetes de anchoa con alcaparras, sin duda la complementarían muy bien. Sin embargo, para una comida más sustanciosa, yo me permitiría recomendar unos filetes de macarela a la parrilla, aderezados con aceite y acompañados con salsa de limón.

Dimitris estaba perplejo. ¡Había servido su ensalada de perejil precisamente con esos platillos! Esforzándose por no perder el control, prosiguió con el interrogatorio:

–Déjeme preguntarle algo más. ¿Considera que las sandalias, las borlas negras y las uñas rojas de los pies son un acompañamiento adecuado para tal comida? —la ironía era manifiesta.

–No tengo nada que decir a ese respecto —contestó Damocles, luchando para ocultar su propia incomodidad. No tengo la más mínima idea a cuáles sandalias, borlas o uñas de los pies se refiere.

Los dos hombres decidieron entonces darse una tregua —una tregua muy corta— pues juzgaron poco sensato llevar este intercambio hasta el límite. Cada uno se fue convencido de que el otro continuaría la investigación esperando atrapar a su oponente con métodos que le causaran la mayor humillación.

–Por cierto, no me ha dicho su nombre —preguntó Damocles sonriendo.

–¡Cómo es posible! ¿Está usted enterado

de lo que tomo de desayuno, comida y cena, pero no sabe mi nombre? Vive al lado, en el mismo pasillo, y mi nombre está escrito en la puerta —replicó Dimitris.

–No tengo la costumbre de espiar a mis vecinos —respondió Damocles.

Dimitris exhaló un sonoro bufido.

La charla había concluido por el momento. Los dos hombres se dieron un apretón de manos y se presentaron formalmente. Acordaron hablarse de tú la próxima vez que se encontraran. Partieron cada uno por su lado con prisa y, después de comprar algunas cosas en las tiendas cercanas, se dispusieron a regresar a sus respectivos apartamentos.

Más tarde, el azar volvió a reunirlos en el vestíbulo de su edificio. Mientras el ascensor los conducía al sexto piso no pudieron más que compartir algunas sonrisas e intercambiaron sus números telefónicos.

ENSALADA DE PEREJIL

Dos manojos de perejil fresco. Quitar los tallos. Picar finamente las hojas. Añadir 2 dientes de ajo finamente picados o martajados, una pizca de sal, 3 cucharadas de aceite de oliva y el jugo de un limón.

TAHINI

En un cuenco poner 3 cucharadas copeteadas de tahini. Añadir el jugo de dos limones, 1/2 vaso de agua, un diente de ajo machacado y una pizca de sal y otra de pimienta. Mezclar perfectamente hasta que la textura esté cremosa y tersa. Decorar con un poco de perejil picado.

TARAMASALATA

En un cuenco poner una cucharada copeteada de hueva de bacalao. Remover la costra de un pan blanco y desecharla. Poner a remojar la parte blanca del pan en agua durante un minuto. Exprimir el exceso de líquido. Se necesita tres veces el volumen de pan que el de la hueva de pescado. Mezclar bien, ya sea con un tenedor o directamente con los dedos, hasta que la mezcla esté lista.

Ir añadiendo lentamente pequeñas cantidades de aceite (de preferencia aceite de maíz) batiendo vigorosamente con un tenedor hasta que la mezcla obtenga una textura cremosa, ni muy líquida ni demasiado firme. Añadir el jugo de un limón, una cebolla pequeña muy finamente picada y una pizca de pimienta. Batir nuevamente y guardar tapada en el refrigerador hasta que se sirva.

FILETES DE ANCHOAS CON ALCAPARRAS

Para quitar la sal de los filetes de anchoas enjuáguelos en agua corriente, después póngalos a secar sobre una toalla o trapo de cocina limpio y colóquelos en un platón ovalado. Para 6 pescados (12 filetes) aliñar con 3 cucharadas de aceite de oliva, una o dos cucharadas de vinagre, de acuerdo al gusto, y una cucharada de alcaparras.

FILETES DE MACARELA A LA PARRILLA

Dos pescados frescos de buen tamaño. Con un pequeño cuchillo filoso limpiar el pescado, quitarle la cabeza, las espinas, las aletas y las pequeñas espinas de la parte superior del lomo. Ponerlos a marinar por 30 minutos con aceite y vinagre, en partes iguales (suficiente para cubrirlos). Asar el pescado de 4 a 5 minutos por cada lado, embadurnándolos con la marinada a intervalos regulares.

Coral de erizos ahogados en una cucharada de agua del mar Egeo

Antes de telefonearle a Nana, Damocles miró su reloj para saber si era prudente hacerlo a esa hora.

–Nana, debemos vernos. Es urgente.

La dulzura de su tono ocultaba el enojo que sentía. En ese momento, dos deliciosos aromas cuyo origen no podía ubicar con precisión penetraron a través del balcón inundando el ambiente. Damocles reconoció el cordero salteado y el fresco y herbal olor de los vegetales de temporada.

Mientras tanto, en su departamento, Dimitris se había arremangado la camisa y estaba trabajando. Nana llegaría en media hora y era importante avanzar lo más posible en la preparación de la comida. De esa manera, podría disponer de mayor tiempo para dedicárselo a su exigente amante, quien, por otro lado, nunca podía quedarse mucho rato. Como mujer casada, debía hacer maravillas para encontrar el tiempo que le permitiera degustar un menú más variado que el tedioso plat du jour del sacrosanto matrimonio.

La llamada de Damocles sorprendió mucho a Nana y despertó su curiosidad. Así que tomó el teléfono, llamó a Dimitris y se las arregló para mantenerlo a distancia por un par de horas. Es por eso que Nana, ya vestida y arreglada para ir a ver a Dimitris, se encontró tocando el timbre de Damocles. La frialdad con la que fue recibida le indicó que algo andaba mal. En lugar del cariñoso abrazo de siempre, él se limitó a hacerla pasar, la invitó a sentarse y comenzó a interrogarla.

–¿Qué fue lo que cenaste anteayer?

La pregunta desconcertó a Nana, pero al no ver en ella nada comprometedor, hizo un esfuerzo y, gradualmente, fue recordando.

–Filete de pescado. Creo que era macarela a la parrilla.

–¿Y qué más?

–Vamos a ver... Varios hors d'ouvres: un poco de perejil, una cucharada completa de tahini y algo de tarama. Ah, y filetes de anchoas con alcaparras —añadió confiada.

A Damocles cada uno de los platillos del menú le sonó como el ruido de un trueno; fueron como unas dagas desgarrando su corazón. Guardó un largo silencio y, mediante un gran esfuerzo de voluntad, se las arregló para ocultar su dolor. Había decidido reprimir por el momento los celos y la rabia que lo corroían por dentro.

Temiendo que si prolongaba más el interrogatorio obligaría a Nana a mentir o, peor aún, a decirle la verdad, optó por abandonar esta línea de investigación. Quería evitar, a como diera lugar, toda confrontación con ella. ¡La deseaba tan desesperadamente, la adoraba de manera tan absoluta! Él era su esclavo, un esclavo voluntario y feliz, y por nada de este mundo intentaría romper los grilletes que lo sometían a ella.

¡Nana! La mujer más bella, la mujer con más gracia, por no decir la mujer más especial que jamás había conocido —y Damocles había conocido muchas. En todo caso, razonó, si Nana no hubiera nacido para ser infiel, él nunca la hubiera conocido. Y si ella no fuera lo que efectivamente era, nadie, salvo su esposo, gozaría de su cuerpo celestial. Él no tendría ningún derecho a gozar de unos placeres que, estrictamente hablando, son privilegio exclusivo del matrimonio. Tuvo que conceder entonces que, quizá, era un tanto inconsecuente condenarla por esta debilidad, después de todo fue esa misma flaqueza la que a él le había permitido acceder a su "virtud". Después de todo, sería una terrible tragedia que este tesoro en forma de mujer fuese propiedad exclusiva de un solo hombre. Si a él no le hubiera sido infiel, no le hubiera sido infiel al esposo, y en ese caso, adiós al amor, a la felicidad, a las emociones, a las travesuras, a las frissons, a los arrebatos y a los deleites que lo hacían estremecer en cuerpo y alma.

En un arranque de ciega adoración (que él juzgaba como producto de la más juiciosa imparcialidad), Damocles se acercó a Nana, la acarició, la besó —no como Damocles besando a Nana, sino como un devoto ante el altar de la quintaesencia femenina.

Nana, quien se sentía libre de toda sospecha y tan inocente como las estatuas de la antigüedad que confían en su poder simbólico y emocional, se entregó a la devoción erótica de Damocles. Y justamente como los fieles prenden velas a las imágenes de los santos para manifestarles su respeto, él quiso mostrarse solícito con Nana y complacer todos sus deseos. Ella, más incitadora que exigente, con su irresistible y felina manera de conducirse, pidió algo para mitigar el acre sabor de boca —producto del sinnúmero de cigarrillos que había estado fumando— y algo para acompañar la magnífica botella de vino blanco que Damocles acababa de descorchar en su honor.

–¿No tendrías por ahí algo para picar? No me puedo quedar mucho tiempo. Le prometí a mi marido que cenaría con él —dijo ella, abandonándose a los deliciosos aromas que, para ese momento, ya habían inundado el departamento. Damocles, diligente, fue a la cocina y regresó con un pequeño plato y una cucharita.

–¿Adivina qué es? —le preguntó, esperando su habitual respuesta a esta exquisitez: coral de erizos de mar, el platillo favorito de Nana. Él había perdido la cuenta del número de veces que, con gran dedicación y esfuerzo, lo había preparado para ella. En Atenas era virtualmente imposible encontrar erizos de mar frescos en el mercado, no importa cuánto dinero estuviera uno dispuesto a pagar. Por ello, él tenía que lanzarse dos veces por semana, en pleno verano, a la búsqueda de su proveedor particular: un pescador de Rafina, pequeño pueblo costero situado a unos treinta kilómetros de Atenas. De otra manera, le hubiera sido imposible ofrecer a su amada esta espinosa fruit de mer y servírsela con tan natural desenvoltura, como si se tratara de algo que se pudiera conseguir en cualquier lugar.

Y Nana, con las ventanas de la nariz lujuriosamente crispadas y los ojos entrecerrados (sus párpados se movían con gran dificultad a causa de las numerosas capas de maquillaje), suspiraba extasiada, preguntándose con tono soñador:

–¿Qué es? ¿Qué es? ¡Corales! Sí, corales de erizo, ahogados en una cucharada de agua del Egeo.

–¡La receta! ¡Dime la receta! —exigía Damocles para continuar con un ritual que daba lugar a la misma respuesta.

–Toma diez erizos de mar, ponlos en un pequeño plato, mézclalos con dos ráfagas de viento etesio y añádeles una gota de jugo de limón.

ENSALADA DE CORAL DE ERIZO

Abrir el erizo con unas tijeras reforzadas. Lavarlo abundantemente en agua de mar, hasta que sólo quede el coral. Ésta es la única parte comestible. Desprender cuidadosamente el coral de la concha y cucharearlo en un plato. Salpicarlo con unas gotas de jugo de limón. No es necesario sazonarlo.

En el departamento de Damocles, durante sus primeras citas con Nana, antes de que él empezara a albergar sospechas sobre la fidelidad de su amada, este caviar era servido con una orden completa de hors d'ouvres acompañadas de ouzo o de un delicado vino blanco frutal.

PULPOS A LA PARRILLA DE CARBÓN

Poner la parrilla sobre las brazas de carbón ya sin llamas. Cuando esté caliente, poner los tentáculos del pulpo, habiéndolos antes separado de la cabeza con un cuchillo filoso y aceitados previamente. Asar durante 5 minutos por cada lado hasta que hayan tomado un profundo color púrpura. Aliñarlos con vinagre y servirlos sin más sazón. Los tentáculos pueden comerse enteros o bien rebanados en pequeñas piezas.

PULPOS AL VINO BLANCO

Tomar un pulpo (de aproximadamente un kilo de peso) Cortar cada tentáculo en tres piezas. Voltear la cabeza de dentro hacia fuera, quitarle las entrañas y partirla en cuatro piezas, quitando la parte donde se encuentran los ojos. Poner las piezas en una cacerola, a fuego bajo. Después de aproximadamente cinco minutos colar el líquido color púrpura y reservar aparte, pues siendo agua de mar hará que la carne quede demasiado salada si es que se conserva en ella.

Continuar cocinando el pulpo por otros treinta minutos a fuego bajo. Añadir al líquido que suelta la carne mientras se guisa un vaso de vino blanco y una hoja de laurel. Ponerle 1/3 de taza de aceite de oliva y continuar cocinando por otros cinco minutos. Se sirven en frío o calientes, con el líquido reservado vertido encima.

ENSALADA DE PEPINO

Pelar y rebanar el pepino. Servirlo aliñado con aceite y vinagre, espolvoreado con orégano, sal y pimienta. Como opción extra, servir acompañado de alcaparras.

Chícharos asesinos

Dos horas después Nana estaba en el departamento de Dimitris, sentada frente a una suntuosa mesa, bajo la suave luz de los candiles y embarcada en una titubeante explicación de su retraso. Se llevaba el tenedor a la boca a intervalos regulares, dejando sin terminar cada una de sus frases. Ello le provocó a Dimitris una creciente irritación.

–Estaba a punto de salir de casa —explicó ella, cortando su plática para llevarse un pequeño bocado de cordero a su boca color rojo-cereza. Una vez que pasó el bocado, retomó su narración con una voz suave y pausada, casi como si estuviese dictando—: y justamente cuando estaba a punto de salir, de hecho, casi enfrente de la puerta —tomó otro bocado, chícharos esta vez, los cuales detenían el fluir de su conversación.

–Sí, estabas a punto de salir y... —repitió Dimitris, tratando de obtener, por fin, una conclusión.

–Bueno, yo estaba vestida exactamente como me ves ahora —tomó otro bocado e hizo una pausa.

–¿Y?

–¿Quién te imaginas que se apareció? Mi marido. De repente me cayó del cielo —la voz de Nana era tan tenue y su formulación tan lenta y elaborada que apenas se escuchaba.

–¿Por qué hablas tan bajo? Casi no te puedo escuchar.

–Oh, qué sé yo. Debe ser la comida. Es tan suave que me acaricia la boca como si fuera terciopelo y me obliga a susurrar. No había probado nunca un cordero y unos chícharos tan deliciosos. ¡Bravo Dimitris! ¿Cómo te las ingeniaste para obtener esta salsa de color rojo-dorado? ¿Cómo le hiciste para temperar el violento rojo-tomate y someterlo, afinándolo con estas sombras de brillo dorado? —Nana pronunciaba las palabras lenta y guturalmente, con tonos suaves y sin ninguna vacilación que pudiera alterar el fluir de sus elogios.

Dimitris retomó el asunto; estaba más interesado en la explicación que en sus lisonjas:

–Entonces, tu esposo apareció como caído del cielo. ¿Y qué pasó después?

–Sí, mi esposo apareció súbitamente. ¡Brotó! —repetía ella, tratando evidentemente de ganar tiempo para preparar su próxima artimaña.

–Sí, entonces brotó, apareció como caído del cielo —afirmó Dimitris, quien ahora estaba peligrosamente cerca de perder la compostura.

–Bueno, su aparición me sorprendió —tomó un buen bocado de lechuga. Yo no lo esperaba. Se suponía que él estaba cenando con ciertas personas —ahora fue el turno para un bocado de ensalada de berenjena.

–¿Con ciertas personas?

–Sí, con unos hombres de negocios del extranjero.

–¿Y entonces? —preguntó Dimitris empleando un tono más agresivo.

–Él estaba un poco sorprendido de verme vestida y arreglada —dijo ella y continuó narrando su historia de un tirón y ya sin ayuda del tenedor, confiada en el rumbo que tomaba la trama. Él había pensado que yo me iba a quedar en casa esta tarde, pues eso le había asegurado yo por la mañana. Le expliqué que estaba arreglada no porque fuera a salir, sino porque apenas regresaba de mi estilista. Cuando él me dijo que lucía exactamente igual que horas antes, le dije que existe algo así como arreglos preventivos para el cabello, dado que es crucial disciplinar la desarreglada e inmanejable maraña de mechones y chinos para que no acaben en la anarquía. Él me respondió que si los salones de belleza no ofrecían pronto una solución a los problemas del peinado femenino, la población masculina entera se uniría para hacerse cargo de la situación de una vez por todas.

Dimitris empezó a probar al fin su comida, aparentemente satisfecho por las complicadas explicaciones de Nana. Le resultaba halagador que Nana recurriera a tales argucias e inventara tan fantásticas artimañas con tal de reunirse con él.

–¡A tu salud! —brindó él.

–Desde el momento en que empecé a dejarme crecer las uñas y a usar tacones altos; en otras palabras, desde el día en que te conocí, creo que mi marido siente que su hombría está amenazada —dijo ella y exhaló un suspiro.

–¿Por qué el suspiro?

–¡Un mal presagio! A lo mejor hay problemas en el futuro. En ocasiones, intempestivamente, mi marido muestra cuán inseguro se siente. No me tiene confianza. Siempre me está vigilando. Intenta acorralarme. Aparece cuando menos lo espero y desaparece justamente cuando lo estoy esperando. ¿Sabes que se puso cuatro diferentes trajes antes de que, por fin, se fuera? Argumentó que los dos primeros no combinaban con su corbata, y se cambió los dos últimos porque su corbata no combinaba con los trajes. Y puedes estar seguro de que se hubiera puesto un quinto, un sexto, un séptimo si no me hubiese visto quitarme la ropa, retirarme el maquillaje y ponerme el pijama. Tan pronto como se marchó, me volví a maquillar y, de nuevo, me puse esta ropa. Por supuesto, tendré que quitármela en un minuto y, antes de salir de aquí, vestirme otra vez. Y al regresar a casa, desvestirme nuevamente. Mi vida se ha reducido a eso: a un interminable ciclo entre vestirme y desvestirme. Pero Dimitris, dime, estas pequeñas, perfectas y redondas esferas, estos increíbles chícharos tiernos ¿dónde los conseguiste?

–¿Qué es lo que vamos a hacer respecto a tu marido?

–Olvidémonos de él, ¿quieres? No vengo

aquí para ponerme a pensar en mi marido. Lo que me interesa saber es dónde compraste estas perfectas esferas. ¡Magia, definitivamente!

–Pero suponte que intenta llamarte en este momento. Él piensa que estás en casa. ¿Qué sucedería? —Dimitris estaba preocupado por el futuro.

–¿Acaso contestas el teléfono cuando estás dormido?

–No, es cierto. Pero ¿qué me dices si se le ocurre regresar temprano a casa?

–Bueno, es claro que no me encontrará. Le diré que tuve un tremendo dolor de muelas, que me vi obligada a ir al dentista.

–¿Al dentista? ¿A media noche?

–¿Por qué no? El dolor es inaguantable. Además, me he quejado tantas veces de mis dientes frente a él que no le sorprenderá. Punto. Por nuestro lado, tenemos que prepararnos para cualquier eventualidad y tomar las precauciones necesarias. Te aviso que le di tu número telefónico. Si te llama, fingirás ser mi dentista. ¡Vaya! ¡Qué magníficos chícharos! ¡Qué esferas tan celestiales!

–¡Nana, deja en paz esos chícharos! Me estás provocando jaqueca. ¡Chícharos, chícharos, chícharos! ¿Qué es lo que te sucede? ¡El mundo se acaba, tu esposo se muere de celos, estamos a un paso de la catástrofe y en lo único que piensas es en chícharos! ¡Por piedad, olvídate de ellos!

31

CORDERO CON CHÍCHAROS

Desenvainar 1/2 kilo de chícharos frescos. Ponerlos en una cacerola con agua hirviendo durante 4 o 5 minutos. Sacar del fuego y colar. Refrescar.

En una cacerola grande, saltear en una generosa cantidad de aceite de oliva el cordero (cortado previamente en piezas pequeñas) hasta que todas las piezas estén ligeramente selladas y de color dorado-rojizo. Sacar las piezas y colar el aceite.

Rebanar finamente 5 o 6 cebollitas de Cambray y saltearlas en aceite de oliva fresco (una cantidad menor a la utilizada para saltear la carne). Añadir una cucharada rasa de harina y mover vigorosamente con una cuchara de madera para prevenir que se formen grumos o se pegue. A continuación, añadir el puré de dos jitomates maduros y una taza de agua.

Salpimentar las piezas de cordero y volverlas a poner en la cacerola. Reducir el fuego y guisar durante 30 minutos. Por último, añadir los chícharos y una generosa cantidad de hinojo fresco finamente picado. Dejar cocinar por otros 30 minutos a fuego bajo.

Hambriento en todos los sentidos

Damocles aún no se percataba de que ya había amanecido. Un nuevo día, brillante y bello despuntaba. Pero él sólo veía oscuridad. Su cara sin rasurar estaba rígida y pálida por falta de sueño, marcada por los celos y arrugada por la angustia y el sufrimiento.

Más tarde vería a Nana, es decir, sería un día de dolor y tortura. ¿Cómo le haría para llenar las largas horas que faltaban para que ella llegara? Y, lo más importante, ¿qué es lo que iba a cocinar? "Nada, no cocinaré nada, la dejaré hambrienta, hambrienta en todos los sentidos. No voy a levantar un dedo por ella. No me cambiaré, no me lavaré, no me voy a rasurar y tampoco cocinaré. Ésta será mi protesta silenciosa. ¡Ella no me merece! No merece mis besos, que, según ella misma, son los besos más sensuales que jamás ha gozado. Me conozco demasiado bien como para estar completamente seguro de lo que Nana dice, por lo que no necesito cuestionar su honestidad. No, ella no va a disfrutar mis sensuales besos, ni tampoco va a saborear mis increíbles salsas, que, como ella misma dice, son las más exquisitas que ha probado. ¡Ni salsas ni besos! Esto es definitivo."

En ese momento, el dueto final de *Béatrice et Bénédict* de Berlioz se escuchó en el departamento vecino, interrumpiendo la concatenación de sus pensamientos y disponiendo la mente de Damocles en un discurrir extraño y tormentoso. Él experimentó entonces una cruel aversión que le hacía detestar dicha aria, la cual había sido su favorita hasta ese momento. Los compases finales, que celebraban de manera triunfal la coronación de los dos amantes, parecían haberse transformado en el indicador del júbilo erótico de su rival. La frase "L'amour est un flambeau" lo hirió como una luz cegadora y su imaginación, celosa y ardiente, conjuró la atroz aparición de las imágenes de Nana y Dimitris en un abrazo pasional.

"¡Oh, si tan sólo la flambeau pudiera apagarse definitivamente! ¡Vano amor! ¡Deja que la tierra se hiele por entero!"

Él sacrificaría felizmente su amor si con ello pudiera escapar a la maldición de esa flambeau, en el entendido, naturalmente, de que Dimitris hiciera lo mismo. Pero la vida no es así: su repugnante rival estaba celebrando su éxtasis erótico con el canto.

"¡Nuestro dúo se ha convertido en un trío! ¡Uff! ¡Qué desgracia! Mi ópera favorita, mi más querida ópera. Ahora tendré que sacarla de mi colección de discos para siempre. ¿Pero cómo escapar de ella y no oírla más? ¿Sellaré las ventanas? ¡No! No lograría nada; además, el calor sería intolerable."

Marcó el número telefónico de Dimitris.

–Veo que te has levantado temprano y alegre.

–Alegre sí, temprano no —fue la animada respuesta de Dimitris. Son las doce y media.

Damocles tenía la impresión de que eran las ocho de la mañana ¡Cómo vuela el tiempo cuando uno se está revolcando en la autocompasión!

–Mi novia estuvo aquí anoche. Y las cosas se pusieron, digamos, un tanto orgiásticas —afirmó riéndose con jactancia.

–Dimitris, si no te importa, baja un poco el volumen de tu tocadiscos. Estoy tratando de hacer mi declaración de impuestos, y si cometo un error, me veré en un gran problema. Necesito concentrarme, en serio. Y disculpa que te lo diga pero, de veras, encuentro que tu gusto musical es francamente abominable —concluyó, injuriando a su dueto musical favorito.

–Bajaré el volumen —prometió Dimitris y añadió—: cuando hayas terminado tu declaración de impuestos, háblame y pondré algo de Stratos Dionysiou especialmente para ti.

Damocles dejó caer el auricular y el aparato receptor. "¡Qué impertinencia! ¡Qué insulto! Cómo se atreve a sugerir que yo escuche esas vulgares baladas. ¡Pagarás por esto, Dimitris, en serio! Ya lo verás. Y respecto a eso de que 'las cosas se pusieron, digamos, un tanto orgiásticas la noche pasada', ¿cómo se supone que debo tomarlo? ¿qué debo pensar?"

Ante estos acontecimientos, lo único que

le quedó fue sentarse a elaborar un plan con la precisión y el cuidado que tiene alguien que actúa en la más completa confusión y que se ha tomado cuatro cafés al hilo.

"Soy un cornudo, lo acepto", se dijo a sí mismo. "Pero también lo es su marido y lo es Dimitris. No estoy en peor situación que ellos. Lo que sucede es que Dimitris no lo sabe. ¡Bendita ignorancia! Debo sacarlo de ese estado poco a poco y dolorosamente. Lo voy a vencer en su propio terreno. Estar asqueado y pretender que no me importa no me ayuda. Hoy por la noche me mostraré irresistible con Nana. Voy a superarme a mí mismo en la cocina. La voy a impresionar. Voy a ofrecerle la mejor magiritsa que haya probado en su vida. ¡Sopa de pascua en pleno verano! No tendrá ninguna oportunidad. La manera más segura de llegar al corazón de Nana es a través de su estómago. Triunfaré cocinando. Es cierto que Dimitris también guisa para ella, pero yo lo reto a que me supere, a que prepare algo mejor. Seré pródigo con Nana, cocinaré los platillos más complicados. Cocinaré hasta que ella se rinda y se convierta en mi esclava, hasta que sea el amo y señor de sus papilas gustativas. Hoy, sopa de pascua; mañana, conejo a la yo-que-sé. Servido con la luna y las estrellas. ¡Sí, lo confieso, no puedo vivir sin Nana! Y estoy seguro de que ella tampoco puede vivir sin mí. ¡Oh salsas! ¡Salsas de Eros! ¡Desencadenen una poderosa tempestad!

"Debo ser cuidadoso. Hasta estar seguro de mi victoria no me mostraré iracundo. La tierna lengua de Nana no probará mi amargura, sólo probará la aterciopelada suavidad de mi salsa de huevo y limón. A Dimitris no puedo concederle ni una sola ventaja en este duelo. Y, por supuesto, no voy a dejarle el campo libre para que pueda poner en práctica sus maquinaciones. ¡No me rendiré! No le voy a facilitar nada. O bien la tengo toda para mí o, si las cosas no marchan como espero, la compartiré. Pero, si tengo que compartirla —y esto quizá nunca suceda—, me voy a asegurar de obtener la mejor parte. Y pongo a Dios por testigo: no volveré a traicionar mi gusto musical a favor de Dimitris. Él será quien cambie de gustos. ¡Escuchará *Béatrice et Bénédict* hasta que ya no lo pueda soportar! Lograré que odie a Berlioz. ¡Seguro! Sugerir que yo debería escuchar a Stratos Dionysiou. ¿Cómo se le ocurre?"

Poco después, Damocles se encontraba en la cocina cortando las tripas de una oveja. Lo acompañaban los acordes de Berlioz. Y como en *Béatrice et Bénédicte* la melodía está determinada por el ritmo, el picar de Damocles se fue volviendo lento, deliberado, se fue convirtiendo en una acción metódica que lo mantuvo ocupado hasta ya muy entrada la noche.

SOPA DE PASCUA
(Magiritsa)

Blanquear en agua hirviendo la mitad de las vísceras de una oveja (hígado, bazo, pulmones y mollejas) junto con 1/4 de kilo de tripa muy limpia. Dejar enfriar. Cortar en pequeños dados del tamaño de un mosaico bizantino (un centímetro por un centímetro).

En otra cacerola (o en la misma, una vez que ésta haya sido lavada y secada) saltear ligeramente 1 kilo de cebollitas, cortadas en rebanadas de un cm.

Añadir una cucharada y media de harina y mover bien con una cuchara de madera para evitar que se formen grumos. Añadir los "mosaicos", un manojo de eneldo fresco, sal y pimienta. Mover continuamente durante uno o dos minutos. Añadir un litro de agua, llevarla a hervor y dejarla a punto de ebullición a fuego medio durante media hora.

Enseguida, en una sopera, batir dos yemas junto con el jugo de dos limones. Quitar la sopa del fuego y tomar un cucharón entero de líquido y vaciarlo dentro de la sopera moviendo constantemente. Batir bien. Incorporar 4 o 5 cucharones y una vez hecho esto reintegrar el líquido a la cacerola. Ponerla a fuego suave moviendo constantemente, hasta que la sopa esté ligeramente espesa, teniendo cuidado de que no hierva.

La sopa de pascua es impensable sin una ensalada de lechuga orejona.

ENSALADA DE LECHUGA

Quitar las hojas verde oscuro del exterior de la lechu-

ga, desechar. Reservar únicamente las pequeñas y tiernas hojas verde limón —el corazón de la lechuga. Cortarlas en finos listones de medio centímetro de ancho (juliana menuda). Ponerlas en una ensaladera junto con 3 o 4 cebollitas rebanadas y 2 ramas de eneldo fresco, picado, un poco de aceite y vinagre. Agregar sal. Aliñar bien antes de servir.

MOSAICO DE AZULEJOS VENECIANOS

Nana llegaría de un momento a otro. Damocles estaba preocupado. Lo había estado desde que comenzó a cocinar. Cavilaba sobre cómo le haría para tener lista su ambiciosa cena, la cena que le permitiría asegurar su futuro junto a Nana. Damocles estaba rallando frenéticamente las cebollas y se las ingenió para rallarse también un dedo, el cual sangró de inmediato. Sin embargo, un poco de sangre no lo iba a detener. Simplemente chasqueó los dientes y continuó con su trabajo. Los roces del rallador contra la herida provocaba que el dolor se intensificara con cada nueva pasada.

"Estoy derramando mi sangre por Nana. ¿Acaso importa que ella sea una infiel, una desconsiderada, alguien sin corazón? ¿Importa que me esté engañando? ¿Importa que ella no sea leal? ¡Oh Nana!", exclamó finalmente Damocles. La ansiedad de la espera, la prisa por terminar y la música de Berlioz sonando a todo volumen se combinaron para elevar aún más su pasión.

"¡Oh Dios, por favor, haz que se le haga

tarde. Permite que llegue retrasada. Déjame terminar esta comida y poner la mesa, no dejes que me encuentre en este lastimoso estado, bañado en sangre y en lágrimas", suplicaba Damocles; y, en verdad, las cebollas lo habían dejado con sendos lagrimones escurriéndole por las mejillas, mientras que su dedo, rallado, sangraba profusamente. ¿Por qué se habrá retrasado? ¿Qué estaría entreteniendo a esa criatura sin corazón? Ya debería de estar aquí para ver las lágrimas y la sangre que Damocles derramaba por ella.

En esta confusión de tortuosos y contradictorios sentimientos, él resistió y se mantuvo en su martirologio culinario. Sin embargo, Nana se retrasaba cada vez más. Primero media hora, después una hora. El retraso aumentaba. Hora y media después, Damocles ya había terminado la preparación de la comida y puesto la mesa. Incluso le quedó tiempo para volver a cortarse, esta vez mientras se rasuraba. Luego se raspó al restregar su piel con un estropajo en la regadera y, por último, casi se estrangula al tratar de anudarse la corbata.

"¡Nana! ¡Nana! ¡Oh Nana! ¿Dónde estás?"

Nana llegó dos horas después de lo convenido. Se presentó actuando con toda naturalidad, como si nada hubiera ocurrido. En cuanto entró su amante la recibió con una mirada amenazadora. Damocles se mantuvo quieto, esperando el crescendo final que cierra el aria de *Béatrice et Bénédicte* para así coordinar sus acciones con la música. Cuando el aria llegó al clímax, se lanzó hacia Nana arrobándola en un beso violento y prolongado que, sobrepasando el crescendo, degeneró en un largo, penoso y brusco mordisco. Los heridos labios de Nana, así como su lengua, se hundieron en la boca de Damocles y sus elegantes dientes, blancos como las perlas, se estrellaron contra los de él. Este asalto oral duró hasta que los acordes finales del aria los hicieron separarse.

–¿Qué fue eso? —exclamó Nana tambaleándose. ¿Qué te propones? ¿Acaso estás tratando de darme una demostración del beso mortal del tiburón?

Sus palabras trastornaron a Damocles, hiriéndolo en lo más profundo. "¡La corro! ¡Voy a correr a la muy puta! ¡Voy a echarla! No, mejor no. Si lo hiciera, se iría con Dimitris y pasaría el resto de la tarde retorciéndose entre sus brazos. Eso sería como aceptar la derrota. No, no la echaré ", se dijo a sí mismo.

Mientras tanto, Nana se pavoneó orgullosa por la habitación y fue a sentarse en un sillón, adoptando su pose favorita. Se trataba de una pose tan estudiada que no difería en lo absoluto de la que había tomado cuarenta y ocho horas antes, ni tampoco difería de la pose que ella había adoptado cuando se conocieron. Ella transformaba el sillón, una pieza diseñada para el confort, en una plataforma para exhibir una obra de arte. Esta obra de arte era la propia Nana en su radical extravagancia y en su actitud más sexy. Era Nana en su quintaesencia: una escultura titulada *Perversión.* La pose estaba ingeniosa y deliberadamente concebida para lograr la máxima exhibición de las regiones más ocultas de su cuerpo y el precario balance del tacón sostenía a la estilizada figura, suspendida a partir de sus pies, perfectamente formados, como si se preparara para caer. Esta pose hacía poco para reducir la presión sanguínea de su punto de apoyo.

Damocles, volviéndose loco por tan absurda —aunque familiar— presunción, no pudo más que sentirse halagado. Él la reconocía como uno más de los artificios del inmenso arsenal de Eros, diseñado para satisfacer la avidez de las miradas y la sed del alma de los amantes —su propia alma y sus propios ojos. Pero su arrobamiento fue inmediatamente sacudido por la duda de si Nana, una consumada profesional como era, no vacilaría en utilizar idénticos artificios para satisfacer el mismo apetito con Dimitris. En cualquier caso, este desconcertante encadenamiento de ideas fue interrumpido por Nana quien, con voz grave, pidió permiso para encender un cigarro.

–Siéntete como en tu casa, no tienes por qué preguntar. ¿Acaso alguna vez te he dicho que no podías fumar?

–No, nunca, pero no puedo fumar en esta posición —protestó ella.

–Bueno, pues muévete. Siéntate adecuadamente.

–No me quiero mover. No estoy sentada así por afectación, sino porque me quiero relajar. No te puedes imaginar lo cansada que estoy.

–Nana, realmente no creo haber visto nunca

una posición menos relajada que ésta y tampoco recuerdo haber visto una menos natural.

–No, Damocles, esta posición es relajante precisamente porque es natural.

–Bueno, ¿qué esperas que yo haga entonces? —preguntó Damocles perplejo.

–Arrodíllate a mi lado y dirige el cigarrillo hacia mis labios para que pueda fumar a gusto. Quiero que cuentes hasta doce antes de volver a acercarlo a mi boca.

"Claro que está cansada —pensó Damocles al tiempo que sufría un escalofrío—; naturalmente debe de estarlo, con aquello de que anoche las cosas tomaron un giro, digamos, un tanto orgiástico."

Pero, volviendo a la posición, de ninguna manera dicha postura puede considerarse relajante. Damocles sabía que ella estaba jugando con él como si fuera un tonto. Y aunque eso lo ponía furioso y le provocaba un gran rencor hacia Nana, se encontró, de pronto, arrodillado a su lado, listo para cumplir sus instrucciones. Después de que se hubo fumado tres cigarrillos en esta posición, a Nana se le despertó el apetito y así lo anunció. Por fin, el gran momento había llegado. Su momento triunfal: la sopa de pascua.

Sin embargo, todo el amor y el esmerado cuidado invertido al poner la mesa se fue al diablo, pues Nana insistió en que ella cenaría en esta posición —en la posición "perversa". Con Damocles, de nuevo a sus pies, alimentándola en la boca, dándole la sopa de pascua con una cucharita, ya que ella había descartado la cuchara sopera calificándola como una "vulgar pala". Después de dos cucharadas, Nana no sólo no lo había felicitado por esta maravilla culinaria, sino que ni siquiera le había agradecido las atenciones.

–¿Y bien, cuál es el veredicto? —preguntó Damocles, devastado al ver que su festín gastronómico pasaba sin ningún comentario. Él estaba haciendo su mejor esfuerzo para controlar su rabia y reprimir el deseo de vaciarle el resto de la sopa en su insulsa cabeza.

–¿Qué te puedo decir? Luce como un conjunto de pequeños mosaicos flotando en la marisma de un pantano —afirmó ella, aludiendo a la miríada de ingredientes finamente picados que constituían la sopa.

–¿Eso es lo que te recuerda? —farfulló Damocles.

–Sí, es una especie de sopa de mosaicos venecianos. ¡Bueno, pudo haber sido peor! Al menos no se te metió en la cabeza hacer queso de puerco o callos. ¡Aghhh!

Damocles nunca se había sentido más humillado en su vida, nunca se había sentido tan miserablemente derrotado. Era el momento de tomar medidas drásticas: el momento del aniquilamiento.

"Mañana Dimitris no va a encontrarte cansada, querida. Te va a encontrar completamente destrozada, incapacitada, paralizada. Esta noche las cosas se pondrán 'un poco más que orgiásticas'. Se pondrán tan salvajes que no te puedo asegurar si vivirás para ver el día siguiente", pensó Damocles lanzándole a Nana una mirada en la que se advertía la furia vengativa de un perro rabioso.

QUESO DE PUERCO

Poner una pequeña cabeza de cerdo, cortada en dos, dentro de una cubeta. Cubrirla con agua tibia y dejarla por 2 1/2 horas. Después escurrir y enjuagar la cabeza con agua abundante y colocarla en una cacerola grande, junto con una pata de ternera cortada por la mitad y cubrir con agua. Llevar a hervor y espumar las impurezas. Tomar dos cebollas grandes y clavarles 2 clavos de olor a cada una. Añadir la cebolla y dos tallos de apio. Agregar 1/2 cucharita de pimienta negra, 1/2 cucharita de bayas de enebro y sal. Tapar y dejar hervir durante 4 horas a fuego medio.

Sacar del fuego, escoger sólo la carne de la cabeza y la mano y picarla en pequeños cubos y reservar. Colar el líquido por un chino fino o por una manta de cielo triple. Añadir dos dientes de ajo machacado y tres cucharadas de vinagre. Dejar hervir durante veinte minutos para que el líquido reduzca.

Dividir la carne en tantas porciones como se vayan a servir y disponerlas en pequeños platos o moldes de unos 2 cm de profundidad junto con una cucharada del líquido. Refrigerar hasta que cuajen. Justamente antes de servir la sopa sacar el preparado de los moldes, bañándolos para ello con agua caliente por un segundo; sacarlos volteándolos sobre la sopa.

CALLOS

Tomar los patas de ternera y la panza de una ternera u oveja (con treinta centímetros es suficiente si se trata de ternera) y lavarlos perfectamente. Ponerle limón y volverlos a enjuagar. Ponerlos en una cacerola grande con abundante agua salada. Añadir la pimienta negra quebrada y llevar a hervor, espumar las impurezas. Cocinar por 8 horas a fuego medio, reduciendo el fuego en las últimas dos horas. Sazonar con sal.

Si se desea, añadir una cucharada rebosante de ajo picado que haya sido previamente marinado en una copa de vinagre durante al menos dos horas.

El firmamento intestinal

–¡Vaya lío! —exclamó Dimitris. El lince de tu marido está más cegado por los celos que por tu belleza. No te deja ni a sol ni a sombra, vigila cada uno de tus movimientos. ¿Qué vamos a hacer ahora?

–Qué es lo que voy a hacer, querrás decir. No creo que tú puedas hacer gran cosa, excepto amarme. Amarme más y más conforme pasen los días. Eso es todo.

"Sólo problemas, obstáculos, dificultades", pensó Dimitris. "Pero, después de todo, son esas dificultades las que afianzan el verdadero amor."

–¿Cómo es posible que un marido tenga más derechos que un amante? Es realmente inconcebible y yo no lo voy a tolerar —afirmó Nana indignada.

–Bueno, he de confesar que si yo estuviera en su lugar tendría las mismas preocupaciones y, seguramente, actuaría de la misma manera.

–¿Quieres decir que no le creerías a tu amada esposa, incluso si ella, como yo, no te diera el más mínimo motivo para desconfiar? —replicó Nana muy molesta.

Dimitris quedó aturdido con la siguiente afirmación de Nana:

–Ustedes los hombres son todos iguales —susurró ella. Y luego, con voz firme y determinada, dijo—: Pero no sólo es eso, ni es eso todo: que un marido deba disfrutar los mismos derechos de un amante es absurdo. Un esposo es una cosa, un amante es otra muy distinta. Sus roles son completamente diferentes. Mira, es el amante quien tiene derechos y es el esposo quien tiene obligaciones.

–Sí, Nana, pero yo también tengo algunas obligaciones ¿no es cierto? Bueno, al menos me complace pensar que las tengo. No quiero ser eximido de ellas. No quiero tener sólo derechos —afirmó Dimitris, adoptando una actitud seria.

–Si tanto deseas tener obligaciones, bueno, pues tenlas. Estás en tu derecho —contestó ella—, pero no te puedes quejar. No es que yo ignore tus obligaciones ni reconozca lo mucho que has hecho para ganártelas. Sí, las obligaciones se ganan ante la punta de una espada, ante la punta de un cuchillo, incluso frente a la punta de un tenedor. ¡Oh Dimitris! Tu cocina es divina ¿Cómo podría vivir conmigo misma si te eximiera de la obligación de guisar para mí?

Y con estas palabras, que fueron música para los oídos de Dimitris, Nana se las arregló para tranquilizar a su amante. Lo acarició como sólo una experta sabe hacerlo, con sus largos dedos, mientras le repetía la receta de un platillo que acababa de probar en una degustación, y de nuevo suspiró.

"Echaste a andar tu magia otra vez", pensó ella. "Tomaste la tierna carne de conejo, de un inocente conejo, y la sumergiste en un baño de aceite hirviendo para poder darle este cálido rubor. Y, enseguida, aligeraste su complexión con este trazo escarlata, un húmedo espejo de coulis de tomate rojo, donde estos exquisitos bocadillos brillan y son absolutamente deliciosos, hasta ser transportados del plato a la boca y transfigurados por el eterno firmamento del estómago, acompañados por verdaderos coros celestiales y la armonía de minúsculas y perfectamente esféricas perlas de cebolla, hierbas aromáticas, canela, clavos de olor y hojas de laurel."

Dimitris, quien ahora se encontraba en el séptimo cielo, se entregó a un dichoso sueño. Cuando despertó, alrededor de la una de la mañana, Nana ya había partido rumbo a su casa. Y la dicha impidió que Dimitris se volviera a dormir. Era imposible que su felicidad cupiera entre las cuatro paredes de su departamento. Se sentía tan vivo y tan despierto que necesitaba compartir su felicidad con alguien muy cercano.

Respecto al riesgo que representaba el desconfiado marido, tenía tiempo suficiente entre hoy y su próxima cita —pasado mañana— para planear una nueva estrategia de defensa y ataque. Pero ahora, todavía bajo los efectos de la ambrosía que representaban para él los labios de

Nana, se dirigió tambaleándose al teléfono. Repasó su libreta de direcciones, encontró el número de Damocles y le marcó.

–¿Damocles? Habla Dimitris. Oye, no sé por qué pero he estado pensando en ti toda la noche. Sí, lo he hecho. No quisiera que fueras a tomarlo por el lado equivocado, pero bueno, tómalo de la forma que quieras. Quizá sólo sea la arrogancia de la felicidad. No, no estoy borracho. Te puedo asegurar que no lo estoy. Aunque quizá sí lo esté: estoy borracho de amor. ¡Amor por Nana! Mi novia. Tú no la conoces, ni siquiera puedes imaginarte cómo es ella. ¿Qué por qué te digo estas cosas? ¿Por qué a ti? Realmente lo ignoró. Ya sé que casi no nos conocemos. No sé cómo explicarlo, pero siento que, de alguna manera, hay algo especial que nos une a ti y a mí. Después de todo, estamos bastante "cerca" el uno del otro, viviendo con sólo una pared de por medio. Bueno, sea como fuere, quiero disculparme por molestarte a esta hora. Espero no haberte despertado. ¡Dios mío¡ ¡Estoy tan contento que me incendio! Y lo que quería era hablar con alguien, compartir esta felicidad, pasársela a alguien y tú eres la primera persona en quien pensé. ¡Ay, Damocles! Nana se acaba de ir. Sí, en este momento, y todavía la puedo ver tendida ahí, yaciendo desnuda en mi sofá. Su excitante perfume aún flota en el aire. Y yo me quedaré recostado aquí, inhalándolo el resto de la noche ¿Qué fue lo que cociné? Estofado de conejo. Sí, lo adivinaste. Exactamente. Dos clavos de olor. No, ninguno. No tres, dos.

¡Eres fantástico! De verdad, delicioso, Damocles, para hacer agua la boca. ¡Claro! Nana se chupó los dedos. ¡Y qué dedos Damocles!, ¡qué dedos! Déjame decírtelo: es el tipo de dedo que los antiguos poetas hubieran comparado con los largos y elegantes tallos de los lirios. Sí. De hecho, me quedaron dos porciones. Sí, si te parece podrías darte una vuelta mañana por la noche y... No, mañana no la voy a ver. Sí, así es. Uno no siempre puede tenerlo todo. Por desgracia yo no tengo el monopolio sobre Nana. Pero, eso sí, me llevo la mejor tajada. Alguien más la tiene... Sí, es casada. Sí, supongo que también su esposo tiene derecho a un poco. ¿Mañana no puedes? Ah, entiendo, mañana vas a ver a tu "Nana". Claro, por supuesto. Tú tienes la tuya. Bueno. ¿Qué más te puedo decir, Damocles? Espero que la puedas tener sólo para ti... Por supuesto. Almuerzo. Seguro, lo guardo para el almuerzo. Sabía que podrías. ¡Si no hubiera estado seguro no te hubiera llamado! Tú eres uno de esos raros especímenes capaces de gozar con la felicidad de los otros. Mis instintos no me engañaron. Bueno, buenas noches Damocles. Espero que a ti también te salgan las cosas igual de bien. Sí, en verdad te lo deseo.

ESTOFADO DE CONEJO

Cortar la liebre o el conejo en piezas. Hacer una marinada de 3/4 de litro de vino blanco seco, 3 cucharadas de vinagre, 3 cucharadas de aceite de oliva, una hoja de laurel, una rama de tomillo fresco, una cucharada copeteada de cebolla picada, 2 dientes de ajo machacados, una rama de perejil fresco, una rama pequeña de apio, una zanahoria mediana rebanada, una pequeña cantidad de bayas de enebro, unas cuantas pimientas negras enteras y 2 clavos de olor.

Marinar el conejo durante 24 horas, salpimentarlo y saltearlo en una cacerola con 1/2 taza de aceite de oliva hasta que esté ligeramente dorado. Pasar la marinada por un colador fino y verterla encima del conejo. Añadir una taza de fondo de res, una taza de jugo fresco de tomate y una cucharadita de puré de tomate, 1/2 cucharadita de azúcar y una pequeña cantidad de pimientas negras y de bayas de enebro, dos clavos de olor, una hoja de laurel y sal.

Poner a hervir a fuego medio durante una hora. Añadir 1/2 kilo de cebollas perla perfectamente esféricas y cuidadosamente peladas, previamente salteadas. Dejar cocinar por una hora más.

Receta para el desastre

La llamada de Dimitris tuvo el efecto de un balde de agua helada. Damocles ya sabía que su amada no era precisamente la mujer más "virtuosa" del mundo. Sospechaba de sus incursiones en territorio enemigo. Sin embargo, resultaba intolerable enterarse de ellas mediante las impúdicas descripciones de su rival. Eso era algo completamente distinto. Resultaba humillante, degradante. "Y Nana yaciendo desnuda en mi sofá." Eso fue el coup de grâce. Cada palabra la sentía como un martillazo en las sienes, como un picahielo clavándosele en el corazón.

De repente, toda la hostilidad que Damocles sentía por el esposo de Nana se evaporó. Su resentimiento fue tomando otra dirección: se dirigió directamente hacia Dimitris. Más aún, empezó a experimentar cierta simpatía por el marido de Nana; se sentía identificado con él. Ambos pertenecían al club de los mártires que han sufrido sirviendo a Eros. Había empezado, incluso, a considerar la posibilidad de formar una alianza con el pobre hombre. ¿Y si le enviaba una carta anónima al marido? Bastaría una pequeña nota donde le informara de la infidelidad de Nana.

Por fortuna, a Dimitris aún le quedaba algo de cordura y abandonó la idea de denunciar la "virtud caída" de su amante, los frutos que él mismo hasta hace poco disfrutaba sin competencia —o, al menos, eso era lo que creía. Le pareció que, de alguna manera, era absurdo y casi una derrota convertirse ahora en el redentor de la moral de Nana, y más todavía, si era precisamente él quién, hasta el día de ayer, con gran entusiasmo había contribuido a su corrupción.

Durante toda esa extenuante noche los celos y los deseos libraron una cruenta e interminable batalla para controlar el alma de Damocles. Al final fueron los celos, como siempre sucede, los que salieron triunfantes.

Tras desechar la idea de ponerse en contacto con el marido, su mente dio un giro y tomó un nuevo y peligroso derrotero: comenzó a imaginar diferentes maneras de deshacerse de su rival —incluso las granadas de mano fueron consideradas. Damocles podría conseguir una a través del General, un antiguo compañero de escuela. Sin embargo, hace más de diez años que no había vuelto a tener noticias del General. Tratar de localizarlo resultaría, sin duda, más difícil que conseguir una granada por otros medios. Y, además, estaba el pequeño detalle del entrenamiento. Damocles desconocía los principios básicos que rigen el lanzamiento de granadas. Ni siquiera sabía cómo quitar el seguro. El entrenamiento era indispensable, de otra manera se arriesgaba a morir junto con su víctima o a quedar mutilado.

¿El fuego? Quizá podría provocar un incendio en el departamento de Dimitris. No. Ésa no era una buena idea. Si los bomberos no llegaban a tiempo, existía la posibilidad de que también su casa fuera consumida por las llamas.

¿Apuñalarlo? Sí, pero no es fácil asesinar a alguien a sangre fría. Y, además, uno no puede estar completamente seguro de que el rival morirá. ¿Qué tal si Dimitris sobrevive al ataque? Terminaría en la cama de un hospital bajo los cuidados de Nana. Eso sería horrible. Ella probablemente se enamoraría definitivamente de Dimitris al verlo desvalido y vulnerable. Y, mientras tanto, Damocles se estaría pudriendo tras las rejas.

Envenenarlo era una posibilidad muy tentadora, un método más directo que no requería demasiada planeación. Por cierto, el propio Dimitris le acababa de brindar una magnífica oportunidad al invitarlo a degustar el estofado de conejo sobrante. Ése sí que era un pensamiento delicioso: hacer a un lado a su rival en la propia casa de él. Era una oportunidad que no podía desperdiciar. La víctima actuando como cómplice en su propio asesinato. Nada podía ser más sencillo. Damocles se ofrecería a echarle una mano en la recalentada del guiso y, aprovechando un descuido, vertería en él gotas de ácido prúsico. Y tras la muerte repentina de Dimitris, simplemente se aseguraría de no dejar ningún rastro comprometedor en el departamento. Nadie en el edificio estaba al corriente de la extraña amistad que desde hace poco los unía. Sí, envenenarlo estaba resultando la opción más conveniente, pues de esa manera Dimitris aparecería como víctima, cómplice y autor de su propia muerte. Asesinado por propia mano y con su propia salsa. Una de las salsas que había utilizado para seducir a Nana. ¡Canalla!

Los sueños homicidas de Damocles fueron interrumpidos por una llamada telefónica. Era Nana.

–Al fin se fue mi marido. Fingí estar dormida para no tener que hablar con él, ni tener que besarlo. Cuando estuve sola corrí hacia el teléfono. Si supieras lo impaciente y ansiosa que estoy. Me quemo por dentro. ¡Con decirte que todavía no me peino! Damocles, debes estar orgulloso de tu pequeña Nana. Ésta es la primera vez que te llamo sin haberme peinado antes. Sólo pienso en ti. Si vieras en qué estado se encuentra mi cabello. Es, sin duda, el estilo que en este momento mejor me queda. Me veo maravillosa, quizá incluso más bella. Pienso que a ti te gustaría. Uno de estos días voy a ir a verte con el pelo así, al natural. ¡Ay, Damocles, tuve una noche espantosa lejos de ti! Es tan terrible tener que dormir sin tenerte a mi lado. ¿Y tú, Damocles? Platícame, dime algo.

–¿Qué te puedo decir?, ¿por dónde empezar? Estoy tan orgulloso de ti.

–No puedo creer que al fin esté hablando contigo —continuó ella. Estoy emocionada de escuchar tu voz y oírte hablar de la comida que prepararás para la cena de esta noche. Hoy será para ti una prueba difícil: cortar, rebanar, pelar, rallar, picar. Y todo esto sólo para mí. El día entero, hasta que las sombras se prolonguen y la luz de la luna entre por tus ventanas.

–¡Oh, Nana!

–Te voy a pedir las recetas más complicadas, las recetas imposibles, los platillos con los que he estado fantaseando toda la noche.

–¿Y sobre qué clase de comida has estado fantaseando?

–Rellenos. Calabacitas rellenas, la mitad horneadas y la otra mitad servidas con salsa de huevo y limón. Tomates rellenos. Hojas de parra rellenas. Y col, rollos de hojas de col también rellenos.

–¿Qué? ¿Todo eso? —interrogó Damocles un tanto alarmado.

–Sí Damocles. Quiero probar de todo. Y cualquier otra cosa que seas capaz de preparar. Literalmente vas a servirme la cena de mis sueños. Mira, mejor te dejo para que empieces ¿no crees? Tienes poco tiempo y estoy segura de que es necesario mucho trabajo para preparar todo esto. Además, supongo que todavía tienes que hacer algunas compras. Y yo no quiero llegar tarde con mi estilista.

VEGETALES RELLENOS
(Calabacitas, pimientos y tomates)

Vaciar cuidadosamente el interior del tomate con una cucharita. Vaciar cuidadosamente la pulpa de una calabacita. Con una cuchara parisina, remover la parte blanca, las membranas y las semillas de los pimientos (siempre use pimientos con una amplia cavidad interna). Reservar las partes superiores cortadas para utilizarlas como tapas, o bien use rebanadas de papa para tapar el pimiento.

Para 3 tomates, 3 pimientos y 3 calabacitas se necesitan una y media taza de arroz de grano largo lavado. Freír el arroz en una cacerola sobre fuego medio con aceite de oliva por algunos minutos, moviendo de vez en cuando. Añadirle el jugo y la pulpa molida de los tomates junto con dos cebollas grandes ralladas, 5 dientes de ajo finamente picado, 1/2 manojo de cada una de las siguientes yerbas, perejil e hinojo fresco. Agregar 1/2 puño de menta seca pulverizada frotándola entre las palmas. Sazonar con sal y pimienta. Añadir 1/2 taza de agua y 1/3 de taza de aceite de oliva. Mover constantemente por 5 o 6 minutos. Retirar del fuego. Arreglar los vegetales en el fondo de un recipiente para asar llenándolos cuatro quintas partes con la mezcla de arroz, para de esta manera permitir que el arroz esponje sin derramarse. Verter 1/3 de taza de aceite de oliva y una taza y media de agua en el recipiente entre los vegetales.

Asar a horno medio de 40 a 45 minutos. Se pueden servir frías o calientes.

ROLLOS DE HOJAS DE COL

Quitar las hojas más delgadas del exterior de la col blanca. Blanquearlas en agua hirviendo durante tres minutos. Colar. Tomar un cuchillo filoso con una hoja fina y desechar los bordes gruesos de las venas. Cortar las hojas en rectángulos de 10 por 18 centímetros.

Para el relleno: tomar 350 gramos de carne de res molida, 1/2 taza de arroz, 1/3 de taza de aceite de oliva, una cebolla grande rallada, 2 dientes de ajo finamente picados, 3 ramitas de perejil fresco, 3 ramas frescas de hinojo, sal y pimienta. Mezclar todo muy bien. Poner una cucharada sopera de la mezcla en uno de los lados de cada rectángulo. Enrollar alrededor de la mezcla formando un pequeño cilindro. Cortar el cilindro para que tenga unos 5 centímetros de largo. Cubrir el fondo de una cacerola con algunas hojas de col y disponer los cilindros en la parte superior en filas. Verter 1/3 de taza de aceite de oliva y 3 tazas de agua o preferentemente 3 tazas de fondo de res, sobre ellos. Tapar y poner a hervir por 40 minutos a fuego medio.

Usar el líquido sobrante para hacer la salsa de huevo y limón (como se hizo para la sopa de pascua). Servir los rollos de hojas de col rellenas con la salsa de huevo y limón vertida sobre ellos.

CALABACITAS RELLENAS

Vaciar las calabacitas extrayéndoles la pulpa (véase la receta de vegetales rellenos). Rellenar con la mezcla como si fueran rollos de col rellenos añadiendo 1/2 taza de jugo de tomate. Asar en horno medio de 40 a 45 mi-

nutos. Normalmente se sirven acompañadas de la salsa de huevo y limón, tal como aparece en la receta de los rollos de col rellenos.

UN AMARGO ESTOFADO QUE TRAGAR

Esa tarde Damocles se adentró en territorio enemigo. Estaba listo para ejecutar la primera parte de su diabólico plan. La idea era acabar con la feliz ignorancia de Dimitris. El plan era infalible. Lenta y certeramente iría administrando cada cucharada de verdades amargas y difíciles de tragar. Y estas verdades sacudirían a tal grado la utopía de Dimitris, que harían que los mismos cielos se estremecieran sobre su cabeza.

Dimitris fue un buen anfitrión. Le ofreció a su vecino un tour por todo el departamento. Durante el breve paseo Damocles recibió un terrible golpe a su ego al ver la desordenada ropa de cama, la cual ponía de manifiesto las hazañas amorosas de su amante. Por toda la habitación había rastros de ella: el provocador aroma de su perfume flotaba en el ambiente y las sandalias de tacones altos y borlas —las cuales él le había obsequiado a Nana— habían sido arrojadas con descuido sobre la cama.

–¿Te encuentras bien? Te has puesto pálido repentinamente —preguntó Dimitris.

–Estoy bien, debe ser el cambio de iluminación.

Colocada en el comedor había una fotografía enmarcada de Nana. No era sino la ampliación de una que Damocles le había tomado poco tiempo antes. Mientras la observaba, Nana pareció cobrar vida, adoptando una expresión de coquetería cuyo gesto burlón le insinuaba: "¡tonto! ¡tonto!". Damocles casi pierde el control, se cubrió las orejas con las manos para evitar oír sus sarcasmos.

–¿Para qué haces eso?

–Me duelen los oídos. Es una infección que me afectó el invierno pasado.

Un poco más tarde, ambos se encontraban sentados frente a frente en la mesa del comedor degustando el estofado de conejo que Nana había cenado la noche anterior. Damocles comenzó a sentirse culpable por el hecho de estarlo disfrutando. La única razón por la que había aceptado la invitación de Dimitris era para medirse con su oponente. Pero en lo único que podía pensar era en engullirse grandes cantidades de estofado de conejo, el amargo estofado de la desavenencia.

Esto era ridículo. Tenía que hacer algo para acabar con la confianza de Dimitris. Su idea original, plantar las semillas de la duda y de la suspicacia en la mente de su rival, se desvanecía. Después de los ataques a su orgullo y a su ego, descubrió que ya no tenía valor suficiente. Para empeorar las cosas, Dimitris lo había hecho permanecer sentado y pretendía enseñarle una serie completa de fotografías de Nana en poses provocativas; fotografías que él mismo había tomado. Ahora se veía forzado, más que nunca, a escuchar los detalles más íntimos de las conquistas eróticas de Dimitris con su compartida dama, y a escucharlas en la inmadura y procaz forma que tienen los hombres de abordar temas sexuales.

–¿Y cómo es la tuya? ¿Tienes algunas fotos? —preguntó Dimitris.

–Yo nunca fotografío a la mujer de la que estoy enamorado. El amor es tan fugaz; nunca perdura. Los recuerdos pueden ser dolorosos. No quiero tener el más mínimo recuerdo de una antigua pasión. Lo siento, no hay fotos.

–Por favor, discúlpame. Cuando alguien está tan perdidamente enamorado como yo lo estoy, se vuelve uno incapaz de entender que su propio vecino no sea feliz. Supongo que debes estarla pasando muy mal.

–¡Ni te lo imaginas! Es algo que no le deseo ni a mi peor enemigo —declaró Damocles. Tener que compartir a tu amada con otro es intolerable, insoportable.

–Pobre de ti. ¿Te engaña?

–Sí, con su marido.

–¿Es eso lo que te tiene tan molesto? —rio Dimitris. ¡Así que estás involucrado con una mujer casada! También la mía lo está y eso no me molesta. Es a los maridos a quienes engañan, no a nosotros. Deberías agradecer a Dios el que ella esté casada y que tú puedas gozarla con todos los derechos del amante y sin ninguna de las obligaciones del marido. No tienes ninguno de sus problemas, ninguna de sus responsabilidades. No tienes que pasarte las noches despierto preguntándote si ella te engaña. Tampoco eres vulnerable, no tienes que estar siempre alerta, preocupado de que ella quiera llevarte al altar. Ponte en los zapatos del marido; es por él por quien debes sentir pena, no por ti.

–No, Dimitris, su marido vive feliz. No tiene ni idea de las búsquedas recreativas de su mujer.

–Bueno, deja que conserve sus ilusiones. Sé agradecido por la felicidad que su ignorancia te ofrece. Porque si un día se llega a enterar, entonces...

–¿Entonces qué?

–Entonces nunca más la volverás a ver. Ella regresaría con su marido, arrepentida y con la cola entre las patas. O, peor aún, se quedaría contigo y nunca más podrías deshacerte de ella.

–Casi me has convencido —replicó Damocles, dándole hábilmente crédito a Dimitris.

–Una mujer casada está enamorada de su amante y no de su marido. Esto lo sabe cualquiera. Si en verdad estuviera enamorada del marido, ¿por qué entonces habría buscado un amante? Además, el amor que ella tiene reservado para su amante es único, porque, cuando está con él, ella siempre está en plenitud. El amante es el único que sale beneficiado con la pasión de la mujer, pues ella se aburre con la vida rutinaria que lleva al lado de su marido; se aburre y esto le provoca una actitud de descuido y de falta de interés que se acrecienta cuando está con él.

–Tienes razón. Brindemos por las mujeres casadas.

Los dos hombres levantaron sus vasos entre risas.

–Nuestra única obligación es hacer la comida. Y para nosotros eso es un placer —continuó Damocles. ¿Cuál es la comida favorita de Nana? ¿Acaso no tiene el antojo de algo en particular?

–Sí, claro que lo tiene. La vuelven loca los erizos de mar.

–¿Cómo diablos le haces para encontrar erizos de mar?

–Bueno, cuando ella me dijo que le gustaban tanto yo traté de conseguirlos pero no me fue posible. Estaba perdido. Fue entonces que ella misma me recomendó a un pescador en Rafina. Es él quien me los consigue.

Damocles sintió una punzada en la boca del estómago. Cómo era posible que Nana le hubiese revelado ese secreto a Dimitris. La gula de Nana había puesto en peligro el monopolio que él creía tener. Pero, a pesar de esta nueva herida, o quizá a causa de ella, Damocles se lanzó a la ofensiva.

–Creo que todas las mujeres tienen cierta debilidad por los erizos de mar. Tienen colores tan bellos. Son como corales ahogados en una cucharada de agua del mar Egeo.

Dimitris quedó atónito. Al principio creyó haber oído mal.

–¡Dimitris, te has puesto pálido! ¿Qué te pasa?

–Oh, no es nada. Debe ser la iluminación —contestó respirando con dificultad.

Damocles continuó sin intimidarse:

–Supongo que a Nana no le gustan los menudos, pienso en la sopa de pascua. Yo me rindo ante un menudo, pero las mujeres no tienes estómago para ello.

–No, no lo soportan —susurró Dimitris.

–Y pienso también que la pintura, como un medio de expresión, se les facilita como referencia. Pero, en verdad, no tienen ningún aprecio por la técnica de los mosaicos en las sopas —ése fue el coup de grâce. Bueno, vecino, tengo que irme. Debo empezar a cocinar para mi "Nana". Gracias Dimitris, delicioso estofado, excelente conversación. ¡Muchas gracias! Sabes, en verdad me animaste. Me has ayudado a superar mi melancolía. Lo único que deseo es que tú nunca pases por lo mismo.

A LA MERCED DEL ESTOFADO DE CONEJO QUE LLEGUE PRIMERO

Por primera vez desde la terrible revelación de que Nana lo había estando engañando, Damocles se encontraba contento, extremadamente contento. Esto se reflejó en su forma de cocinar, en la destreza mostrada al vaciar la pulpa de las calabacitas y los tomates, y en la delicada manera de rellenar cuidadosamente las cavidades de los vegetales. El relleno fue meticulosamente preparado de la siguiente forma:

Una taza de arroz, 350 gramos de carne molida, tres cebollas finamente picadas, cuatro dientes de ajo finamente picados, tres cucharadas de perejil fresco picado, dos cucharadas de hinojo fresco, dos cucharadas de menta fresca (finamente picada) y cantidades iguales del entusiasmo propio de Damocles.

Estas exigentes creaciones requerían no sólo de dos sartenes, de dos rellenos distintos y de ágiles dedos para enrollar las verdes hojas de parra, sino también del apoyo que le brindaba la suave sensualidad de la famosa aria de Berlioz sonando a todo volumen y asegurándose de que Dimitris, cuyo temperamento era más bien sanguíneo, no dejara de escucharla.

Por desgracia, este estado de ánimo duró poco. Damocles se percató muy pronto de que tal regocijo resultaba injustificado. "Sólo un idiota estaría contento en una situación así."

Una ola de inquietud lo inundó. Ahora que Dimitris había comenzado sospechar de Nana, seguramente buscaría la manera de confirmar tal sospecha ¿Cómo reaccionaría? Ése era el problema. ¿Cómo diablos lo tomaría? Si reaccionaba como un hombre de verdad, como alguien cuyo honor y dignidad han sido burlados, seguramente rompería con la infiel. Entonces Damocles podría considerarse vencedor y sería dueño y señor del alma de Nana. Claro que también estaba el marido, el cual le tiraría el hueso sobrante del banquete como si fuera un perro. Al final ¿quién es el verdadero vencedor? Él seguía ponderando el problema. No sería, seguramente, el hombre que deja de actuar como cualquier macho orgulloso de su título, mientras que él, quien era fiel a su sexo, era descalificado. ¿Sería Nana el trofeo de un cobarde?

Para atenuar un poco la dura confrontación con su cobardía, Damocles pensó en la paciencia, en la perseverancia, en la cortesía frente a la injusticia y en la nobleza de alma que hay en aceptar los golpes y las flechas de la vida con estoicismo, pues, de hecho, esta actitud constituye la virtud masculina, mientras que desertar en circunstancias hostiles no era la marca de un hombre auténtico.

Damocles volvía una y otra vez sobre el problema, rumiándolo hasta el fastidio. Por suerte para él, primero había avanzado en la preparación de la comida, pues la ansiedad suele resultar perjudicial a la hora de afinar los sabores.

Pero ¿qué sucedería si Dimitris se decidiera también por la misma senda poco viril que él había elegido?, se preguntó de pronto Damocles. ¿Qué sucedería entonces? Se trataría de la misma triste historia de siempre: dos patéticos hombres luchando por una mujer que ha decepcionado y humillado a ambos. ¿Qué sucedería si a Dimitris se le ocurriera chantajear a Nana, ponerle un ultimátum? "¡Decide: o él o yo!" Puede que Dimitris lograra conquistar a Nana de aquel modo, simplemente por hablarle y por estar ahí, mientras Damocles no estuviera a su lado, ocupado en otra parte y siendo un caballero. Generalmente, si no hay nada en común entre dos rivales, aquel que más hace con su poder de persuasión es quien termina venciendo. Y entonces ¿qué? ¿Cuáles serían las consecuencias?

Sus confusos pensamientos fueron interrumpidos por el sensual llamado de la campana de su departamento. Apareció Nana. Damocles necesitó hacer un esfuerzo sobrehumano para sonreír pese al mal humor que lo embargaba.

–¿A qué viene esa tonta risita? —preguntó ella.

La sonrisa de Dimitris se desvaneció.

–Muchas personas parecen tontas cuando están contentas —replicó él.

–Bueno, aparte de verme, no me puedo imaginar qué es lo que te tiene tan contento —Nana fue, como siempre, desvergonzadamente pretenciosa. Pero debo decirte que, a últimas fechas, has estado excepcionalmente insoportable.

–Sí, tienes razón. Simplemente no me puedo arrancar este miedo de que cada visita tuya sea la última, de que un día no muy lejano se acaben todas las cosas agradables.

–No tienes de qué preocuparte. Soy una desvergonzada golosa, una gourmande. No permitiré que nuestra relación se vea amenazada. No, nunca. No mientras tú continúes elaborando esos suculentos platillos exclusivamente para mí.

Ella se rio hundiendo el cuchillo cada vez más.

"Ay Nana —pensó Damocles—, sinvergüenza no es la palabra que mejor te describe; despreciable, en cambio, es el adjetivo indicado. ¡Oh Dios! ¿Cómo es que puede comparar, sin más, los caprichos de su estómago con los más nobles sentimientos del amor?"

–¿Quieres decir que si conocieras a alguien que supiera cocinar tan bien como yo, compararías su desempeño en la cocina con el mío? Y si por alguna razón él resultara más favorecido, ¿caería el telón para Damocles?

–Imposible —respondió ella categóricamente, haciendo de su respuesta un cumplido.

Pero, en su estado de depresión, él malinterpretó sus palabras y las convirtió en un insulto.

–No es para nada imposible —insistió él resueltamente y movido por la desesperación. Es una cuestión de suerte. Si el día de mañana te sirven el estofado que ponga fin al resto de los estofados, ese día pasaré a la historia. Yo tengo que vivir con el temor de que exista un estofado ideal calentándose en Dios sabe qué estufa y que algún día alguien te lo ofrecerá. Tú sencillamente no lo puedes entender. ¿O sí? Y si ese otro cocinero tiene mejor sazón y es capaz de conquistar tus papilas gustativas, ¿me puedes decir qué pasaría conmigo?

–¿No tienes ninguna fe en mí? ¡He de recordarte que tengo un paladar extremadamente sensible! Y, por lo que más quieras, deja ya de hablar de estofados. El día de ayer mi pobre estómago se vio arruinado por el más vulgar de los estofados. Tú asumirás, de hoy en adelante, la responsabilidad exclusiva sobre mis estofados. No admitiré, nunca jamás, que algún otro estofado pretenda pasar a través de mis labios en lo que me resta de vida. Ningún otro. Tampoco otro relleno que no haya sido amorosamente preparado por ti. ¡Damocles, estoy hambrienta!

Profundamente perturbado por esta sarta de mentiras, las cuales le recordaron el estofado de Dimitris (que debía haber preparado para ella muchas veces), Damocles sirvió los platillos rellenos.

UN BOCADO DE ESTO; UN BOCADO DE AQUELLO

Ahora era Dimitris quien tendría que probar el amargo sabor de los celos. Y el encadenamiento de sus pensamientos fue casi idéntico al de Damocles. ¿Enfrentaría a Nana directamente para decirle que había descubierto su juego o era mejor esperar? Después de plantear el dilema en términos generales pasó a analizar sus puntos más específicos. ¿Debería enfadarse o era mejor tomar las cosas con frialdad? ¿Cocinaría para Nana o la dejaría hambrienta? Más tarde, sus pensamientos pasaron de Nana a su desventurado marido y, entonces, se le ocurrió que podría establecer una alianza con él para enfrentar a Damocles. Rechazó la idea, pues consideró que eso no solamente eliminaría a Damocles de la competencia, sino también lo dejaría fuera a él. Por último, pensó en la posibilidad de matar a su rival utilizando conservas envenenadas. Únicamente en este punto su aproximación era distinta a la de Damocles, quien mostraba preferencia por las salsas envenenadas.

Decidió esperar el momento más oportuno y no precipitarse, pues no quería perder la estima de Nana. Lo único claro en su mente aturdida era su absoluta adicción a la infiel. Un futuro en el que no apareciese ella resultaba impensable.

Con todo, Dimitris aún conservaba cierta esperanza. Se aferraba a la posibilidad de que Damocles no tuviera un affaire con Nana y que todas las indirectas y las insinuaciones fueran simples coincidencias. Podría ser casual que dos perfectos desconocidos se expresaran de manera idéntica sobre cuestiones tales como los erizos de mar y la sopa de pascua. Aunque tenía que admitir que, de ser así, se trataba de una casualidad demasiado grande.

"Si a dos perfectos extraños les pedimos que describan el cielo, no sería raro que lo hicieran en términos muy parecidos. Del mismo modo, dos perfectos desconocidos, en dos momentos distintos del tiempo, fácilmente podrían comparar la sopa de pascua con pequeños mosaicos venecianos."

Con creciente optimismo siguió buscando evidencias que apoyaran su teoría de las coincidencias extraordinarias. Interrogó a varias personas: al encargado del puesto de periódicos, al de la tabaquería, al farmacéutico y al tendero. A todos les pidió una descripción de la sopa de pascua.

Tras estudiar los datos reunidos durante su investigación, tuvo que reconocer que se trataba de una enorme coincidencia, más que de una mera coincidencia. A todos los interrogados les pareció que Dimitris no estaba en sus cabales y algunos ni siquiera se molestaron en darle una respuesta. Su angustia se transformó en un inesperado derroche de energía.

Marcó el número telefónico de Damocles.

–No te he despertado, ¿verdad? Esperé hasta que fuera medio día antes de llamarte.

–Claro que me despertaste —contestó el otro mientras luchaba por contener un bostezo. Él también había estado despierto desde el amanecer tratando de elaborar un plan de acción.

–¡Ya veo! No pudiste dormir mucho tiempo anoche.

–Las cosas se pusieron, digamos, un poco orgiásticas. Estoy involucrado con una hembra insaciable que me deja hecho añicos cada vez que... es decir, cada tercer día.

–Como si ella estuviera casada.

–Así es —rio Damocles. De hecho, he de confesarte que si no fuera porque su marido disfruta también de este calor, yo estaría ya muerto. Y sabes Dimitris, te lo digo con toda sinceridad, algunas veces desearía que estuviera involucrado un tercero. Pues cada tercer día sería perfecto. De otro modo ella será la causa de mi muerte. Simplemente tiene que conseguirse otro amante. ¡Mi salud depende de ello!

Y de esta ingeniosa manera Damocles se anotó un punto. Él había pasado más tiempo en el fondo de la desesperación, tenía más experiencia como cornudo que su rival y, por lo tanto, podía aparentar mayor dominio de sí mismo.

–Parece como si ella ya no tuviera mucho

que hacer con su marido —señaló Dimitris con el sigilo propio de quien aún pertenece a la liga de los novatos.

–¡Ah! ¿Y por qué lo dices?

–Bueno, si a ti te dejó anoche medio muerto y a mí me dejó anteanoche medio muerto, y si hoy por la noche me va a dejar nuevamente medio muerto, esto sólo puede significar que su marido no le está haciendo mucho caso últimamente. Es verdad Damocles: tu amante y la mía son una y la misma.

Damocles regresó la jugada con una carcajada tan fuerte como fingida:

–¿Hasta ahora te das cuenta de que Nana te ha sido infiel *conmigo*?

–Sí, así es. Apenas me he dado cuenta que Nana te ha sido infiel *conmigo.*

–Dimitris, no tienes idea de lo contento que estoy de ser yo el que te convirtió en cornudo y de que no se trata de alguien más. ¿No te alegra a ti también?

Dimitris no escuchó la respuesta. Había colgado el auricular. Estaba deshecho, pues imaginó que todo se había acabado para él.

La remota posibilidad a la que se había estado aferrando se esfumó. Era un hecho: él estaba compartiendo a Nana con Damocles. La dicha de su exclusividad erótica había terminado.

Dimitris levantó nuevamente el auricular; sus manos temblaban.

–Dime, Damocles, ¿desde cuándo sabes que Nana *te ha estado* engañando?

–Sé que Nana *te ha estado* engañando desde la primera vez que nos encontramos —respondió Damocles haciendo un ademán de cuernos y, acto seguido, ofreció una detallada descripción de los sucesos de ese día.

Su conversación fue interrumpida por el timbre de Dimitris. Por primera vez Dimitris tenía que asumir una actitud de normalidad para recibir a Nana, algo que en Damocles ya se había convertido en segunda naturaleza.

Ignorante de la tormenta que había desatado en los corazones y en las mentes de los dos hombres, ella pasó despreocupadamente junto a Dimitris dirigiéndose directamente al sillón y asumiendo su pose favorita, para la cual necesitaba un cigarrillo.

–¿Qué sucede? —preguntó ella despacio y de manera tal que, al pronunciar cada sílaba, un aro de humo azul surgía de sus sensuales y caprichosos labios. ¿Qué te está atormentando? —preguntó, lanzando más anillos de humo.

–¿Qué me atormenta? ¿Qué crees? Tu esposo, quién más.

–No te preocupes por él. Tenemos una tregua que durará hasta su próximo ataque de celos. Por el momento está calmado y te sugiero que tú hagas lo mismo.

–No me puedo tranquilizar, Nana. No puedo —respondió, tratando desesperadamente de controlar el enfado que lo corroía por dentro. Quizá lo mejor era dejar la confrontación para otro momento. El asunto tenía que ser manejado con calma, de manera cuidadosa, pues corría el riesgo de quedar como el perdedor.

–Tengo que confesar que la sombra de tu marido me atormenta de día y de noche hasta el punto de que hoy no he sido capaz de cocinar para ti. Sí, es increíble. Vienes y no encuentras nada que comer. Es la primera vez que ocurre algo así.

–¿Serías capaz de dejarme con hambre? ¿No me puedes preparar algo rápido y sencillo? Cualquier cosa. Déjame ver cómo te desempeñas en una emergencia.

–Sí, claro, pero no será nada especial. No habrá ninguna sopa de "mosaicos venecianos" —añadió enfáticamente; pero estaba tan desorientado y aturdido que su voz se fue volviendo monótona y Nana dejó de escucharlo. Todo lo que tengo es un poco de picadillo en el refrigerador —dijo, sin entender por qué ella se estaba riendo tan fuerte.

–¿Sabes por qué me río? —preguntó. Se me vino a la mente un viejo recetario donde llaman a las albóndigas "esferas de carne" —explicó ella antes de estallar en un ataque de risa. Dimitris estaba obligado a reaccionar diplomáticamente, así es que esbozó una sonrisa que logró resaltar el papel de extra que cumplía en la gran representación de Nana. No fue sino hasta que ella se calmó que él murmuró que freiría algunas albóndigas.

–Asegúrate de no freírlas todas; deja suficiente carne para hacer algunas en caldillo y prepara otras con arroz. ¿Lo harás? ¡La variedad es el condimento de la vida! Un bocado de esto, un bocado de aquello, un bocado de lo de más allá y tendrás un banquete completo —y se rio.

–¿Qué? —preguntó Dimitris, tomando su hilaridad por sarcasmo.

–Y si te fastidia hacer esas pequeñas esferas, siempre podrás hacer una salsa de carne para una pasta. Nunca me has servido pasta, ¿sabías eso? Un verdadero chef demuestra su talento tanto en los platos sencillos como en los complicados.

Para entonces, el humo del cigarro de Nana había transformado el recibidor en una especie de Londres neblinoso. Sin embargo, ello no la detuvo. Siguió lanzando pequeños anillos de humo azul. Ésa fue la señal para que Dimitris se dirigiera a la cocina para demostrar de lo que era capaz.

ALBÓNDIGAS

Tomar 500 gramos de carne molida. Remojar de 3 a 4 rebanadas de pan blanco de caja, sin costra, en un poco de agua durante un minuto; exprimir el exceso de líquido e integrar el pan a la carne. Añadir 1/4 de taza de aceite de oliva, una cebolla grande rallada, de 4 a 5 dientes de ajo picados, de 3 a 4 ramitas de perejil fresco picadas, 1/2 manojo de menta seca, pulverizada con la palma de las manos, sal y pimienta. Mezclar e integrar bien los ingredientes y formar albóndigas de 3 centímetros de diámetro. Enharinar las albóndigas y freírlas en aceite de oliva, a fuego medio, hasta que estén doradas. Servir con ensalada verde, de preferencia que contenga achicoria.

ALBÓNDIGAS CON ARROZ Y HUEVO Y SALSA DE LIMÓN

Tomar 500 gramos de carne molida, 1/2 taza de arroz de grano largo, 1/4 de taza de aceite de oliva, una cebolla grande rallada, de 3 a 4 ramas de perejil fresco picadas, 1/2 hinojo fresco picado, sal y pimienta. Mezclar e integrar bien los ingredientes y formar albóndigas de 4 centímetros de diámetro. Enharinar las albóndigas y ponerlas a cocer en agua hirviendo. Reducir el fuego y dejar cocer, a punto de ebullición, por 20 minutos. Sacar las albóndigas y reservar, manteniéndolas tibias. En una sopera preparar la salsa de huevo y limón con un poco del jugo de la cocción ya descrita para la sopa de pascua (véase la página 37). Verter la salsa sobre las albóndigas y servir.

ALBÓNDIGAS CON ARROZ EN SALSA DE TOMATE

Preparar la mezcla de carne y formar las albóndigas como está descrito en la receta anterior. Hervir 2 tazas de agua en una cacerola junto con una taza de jugo de tomate fresco, 1/4 de taza de aceite de oliva y un poco de sal y pimienta. Integrar las albóndigas y cocinar durante 20 minutos a fuego moderado. Servir acompañado de papas fritas.

ALBÓNDIGAS ESTOFADAS

Tomar 500 gramos de carne molida. Remojar de 3 a 4 rebanadas de pan blanco —sin costra— en un poco de agua durante un minuto. Exprimir el exceso de líquido y desechar. Integrar el pan a la carne, añadirle 1/4 de taza de aceite de oliva, 5 dientes de ajo picados o machacados, una cucharada y media de comino, sal y pimienta. Mezclar e integrar bien los ingredientes y formar rollitos de 6 centímetros de largo. Enharinar los rollos y freírlos en aceite a fuego moderado hasta que estén dorados.

En una sartén poner a hervir 2 tazas de agua. Añadir una taza de jugo fresco de jitomate, 1/4 taza de aceite de oliva, un poco de sal y de pimienta. Cuando esté bien caliente, añadir las albóndigas y dejar cocer a fuego medio durante 20 minutos.

Servir acompañado de arroz.

PASTA CON SALSA DE CARNE

Rallar una cebolla grande y acitronarla junto con dos

o tres dientes de ajo picado en aceite de oliva ya caliente. Antes de que se doren, añadir 1/3 de taza de agua. Cuando el agua se reduzca, añadir 450 gramos de carne molida. Mover constantemente con una cuchara de madera hasta que la carne cambie de color, del rojo al gris pálido. Añadir una taza y media de agua, una taza de jugo de tomate fresco, una raja de canela, una hoja de laurel y un poco de sal y de pimienta. Mover y dejar cocer sin tapar, a fuego moderado, hasta que los jugos se hayan reducido.

En una cacerola grande con abundante agua salada hirviendo, añadir 2 gotas de aceite de oliva para evitar que el espagueti se pegue entre sí. Tomar 400 gramos de espagueti y ponerlos dentro del agua hirviendo, tratando de mantenerlo en el centro por unos treinta segundos, dejar después que se suelte el espagueti y se desparrame en todas direcciones. Cocer durante 10 a 5 minutos, de acuerdo a las instrucciones del fabricante. Probar el grado de cocción, quitarlo del fuego cuando esté listo y rápidamente colar. Rociarlo con un poco de agua para refrescarlo y para que no se pegue.

Poner una sartén del tamaño apropiado a fuego alto. Derretir 2 cucharadas de mantequilla. Añadir el espagueti y saltearlo durante un minuto. Servir en el plato y verterle encima la salsa de carne y queso parmesano.

Lazos de apio

Después de estas revelaciones, los rivales, más decididos que antes, formaron una coalición, un frente unido contra Nana. Los aliados convinieron encontrarse en el departamento de Damocles. Se sentaron ante una mesa provista de sopa de frijol, filetes de arenque, aceitunas de Kalamata y de Amphissa, así como la arrugada variedad de Naxos. En un platito había cuatro berenjenas encurtidas y con la forma de pequeños paquetes individuales, cada uno elegantemente atado con unos vistosos lazos que provenían de los tallos del apio; en otro plato había dos cebollas crudas, peladas. Ya se habían servido una buena cantidad de vino Spata retsina de un tonel. Esto último había contribuido a soltarles la lengua.

—¡Perra! —exclamó Dimitris.

—¡Levantemos nuestros vasos para brindar por todas las perras del mundo! —completó Damocles, riendo.

Después del brindis, los dos hombres se enfrascaron en los más absurdos y contradictorios razonamientos.

–No la volveré a ver —afirmó Dimitris.

–¡Ni lo pienses! Eso no lo voy a permitir —respondió Damocles, después de pensar unos momentos su respuesta.

–¿Por qué no? —quiso saber Dimitris. Pensé que celebrarías mi decisión. Si me hago a un lado la tendrías toda para ti. De cualquier forma, estoy decidido a no volverla a ver.

–¿Acaso crees que voy a caer en tus manipulaciones? —lo atajó firmemente Damocles.

–¿Manipulaciones? —repitió sorprendido Dimitris.

–¡Ése es un viejo truco, Dimitris! Y no voy a caer en él.

–¿Truco? ¿Me puedes decir de qué hablas? —replicó Dimitris, totalmente incapaz de seguir los razonamientos del otro.

–No te hagas el inocente. Si dejaras de frecuentar a Nana, sería sólo por un periodo breve, hasta que yo dejara de verla también. Entonces tú volverías con ella y yo me quedaría fuera del juego para siempre.

–¡Pero qué estás diciendo! Yo no pienso de esa manera. Ni siquiera me ha pasado por la cabeza una maquinación así.

–¿A quién crees que vas a embaucar? Supongo que debería felicitarte por tus maléficos planes. Ahora sí, contigo encontré a un rival justo a mi medida. ¡Eres muy astuto! —Damocles alzó su vaso nuevamente, obligando a Dimitris a secundarlo en un brindis que celebraba su mutua lucidez.

Permanecieron callados mientras alternaban largos sorbos de retsina con grandes bocados de cebolla cruda. Dimitris rompió el silencio:

–Honestamente, no lo entiendo.

–¿Qué es lo que no entiendes? —comenzó Damocles. Todo está clarísimo. La mejor forma de atraer la atención de Nana es dejándola de ver. Ninguna mujer tan vanidosa podría tolerarlo. Nana nació para engatusar, no para ser engatusada. Al abandonarla te volverías más deseable a sus ojos. Se te entregaría sin reservas; lucharía contra todo aquello que se interpusiera entre ustedes. Y luego, una vez que estuvieras bajo su control, podría desecharte a gusto. ¿Ahora entiendes? Aún no ha nacido el hombre capaz de rechazar a Nana. Si tú fueras ese hombre, Nana terminaría por entregarse a ti por completo. Y, si eso ocurre, Dimitris, soy hombre muerto.

–Sí, ahora entiendo. Veo muy claro cuáles son las diabólicas maquinaciones de *tu mente.*

–¿Acaso necesito recordarte que esto sólo es el resultado de las diabólicas maquinaciones de *tu mente*?

–Tómalo como quieras. De cualquier manera, si estás tan convencido de que el vencedor será quien se retire del juego, o al menos quien finja retirarse, entonces qué esperas. ¡Retírate!

Damocles no supo cómo reaccionar. Se tomó dos cucharadas de sopa de frijol, dos aceitunas enteras y le dio una buena mordida a una cebolla antes de encontrarse en condiciones de responder.

–¡Imposible, sencillamente imposible! Alejarme de Nana, aun siendo por mi propio bien, está fuera de toda discusión. Simplemente no puedo. No podría hacerlo aunque quisiera. ¡No! Incluso si ella te amara, o si te respetara, o si sintiera un sincero afecto por ti. No puedo imaginar, ni por un minuto, que mi ausencia, aunque fuera temporal, te convierta en el dueño y señor de su corazón. Sencillamente no puedo verla dedicándote el tiempo que pasa conmigo.

–Sí, pero de acuerdo a tu razonamiento, tú harás todo lo posible por monopolizarla a tu favor. Respecto a mí mismo, de nueva cuenta te digo, no deseo que ella pase el tiempo que te dedica a ti conmigo, ni el tiempo en el que estoy apenas presente.

–¡Olvídalo Dimitris!

–Está bien. ¿Qué sugieres entonces? —preguntó Dimitris.

–Propongo que ambos empecemos a frecuentarla menos. También sugiero que no nos digamos cuándo la veremos. Quizá así las cosas se calmen un poco y, mientras tanto, tendremos un poco de tiempo para pensar en nuestro futuro con ella. Y quizá Nana empiece a preocuparse cuando vea que estamos menos celosos que al principio y se dé cuenta del papel que ha jugado en todo esto. A lo mejor nuestro alejamiento la lleva a tomar una resolución definitiva, quizá se decida por alguno de nosotros dos.

–¡Brillante, Damocles! ¡Sencillamente brillante —dijo Dimitris. Yo aún sigo trastornado, incapaz de pensar con claridad. En cambio tú tienes la lucidez característica del desdichado. Mi desdicha es nueva, no tiene ni 24 horas, por eso no veo las cosas con la misma claridad.

–Precisamente por eso debes escucharme Dimitris. Lo único que pretendo es que alcances la misma lucidez. Sólo quiero que seas infeliz; quisiera que vivas en permanente y constante desdicha. Cuando se trata de infelicidad no soy competitivo. Estoy ansioso de que te pruebes igualmente en la infelicidad y de que la manejes como todo un caballero. De esa manera será menos notoria la desproporción. Estaremos parejos.

–Pero ya soy bastante infeliz. Honestamente, lo soy.

–Me da gusto, Dimitris, en verdad me alegro.

–Por primera vez tu honestidad me invita a ser honesto. No puedo imaginar mi vida sin Nana. Jamás he contemplado esa posibilidad. Así es que ten la seguridad de que no me voy a retirar.

–Mis respetos, Dimitris. Me gusta que también tú te rehuses a retirarte. Retractarnos no nos hará bien a ninguno de los dos. El que lo hiciere quizá resultaría vencedor algún día. Pero ¿a quién le interesa el futuro? ¿A quién le importa obtener un beneficio cuando el precio se encuentre a la baja? ¿Cuál de nosotros toleraría la idea de que el otro la monopolizara? Te propongo compartirla de manera equitativa, sin que alguno de los dos trate de sabotear al rival. Tal como sucedía en los viejos y buenos tiempos, cuando ambos ignorábamos la existencia del otro.

Y volvieron a levantar los vasos para brindar.

SOPA DE FRIJOL

Poner a remojar la víspera 2 tazas de frijoles (mínimo 12 horas).

Poner los granos remojados y suavizados en una cacerola y calentar hasta que hierva el agua. Cuando se forme en la superficie una espuma gruesa, espumarla. Descartar el agua y enjuagar los frijoles en una coladera.

Llevar los frijoles a hervor, ahora con un litro y medio de agua junto con 3 zanahorias finamente rebanadas, una cebolla grande finamente picada, 3 dientes de ajo, una rama de apio finamente picada (junto con las hojas), una hoja de laurel, una rama pequeña de tomillo fresco y como un ingrediente extra (opcional) una taza de fondo de res.

ARENQUES

Poner los filetes de arenque en un platón ovalado, añadirles un poco de aceite de oliva, el jugo de un limón y un poco de cebolla finamente rebanada.

BERENJENAS EN ESCABECHE

Escoger berenjenas miniatura de 7 a 10 centímetros de largo.

Blanquear las berenjenas en agua hirviendo con sal, durante tres minutos. Reservar fuera del líquido hasta que se enfríen. Cortar a lo largo de un costado haciendo una profunda incisión.

Para el relleno se necesitan zanahorias cortadas

en dados pequeños. Pimiento verde y pimiento rojo cortados también en pequeños dados, ajo machacado o picado, perejil fresco finamente picado y col blanca finamente picada.

Blanquear en agua hirviendo con sal durante 2 minutos la mezcla con todos los ingredientes. Colar y poner a marinar en vinagre durante 30 minutos. Rellenar las berenjenas con la mezcla con ayuda de una cucharita.

Asegurar las berenjenas con unos lazos o listones hechos con las hebras de los tallos del apio de tal forma que el relleno de la berenjena se mantenga en su lugar. Poner las berenjenas ya rellenas en una ensaladera y, de nuevo, marinar con vinagre durante 24 horas, cubriéndolas con un paño limpio o un trapo de cocina limpio y seco.

Sacar las berenjenas del vinagre y ponerlas en un frasco para conserva (uno que cierre herméticamente) y verterle aceite de oliva hasta llenar. Las berenjenas se conservan hasta un año. Servirlas acompañadas de otras legumbres y ouzo.

PAPAS QUE SE DESHACEN EN LA BOCA

De modo que los dos rivales hicieron un pacto. Acordaron que quien estuviera en ese momento esperando la visita de Nana (en este caso Damocles) la llamaría para cancelar la cita, fingiendo que había surgido algo inesperado y que, por ejemplo, necesitaba salir de Atenas durante algunos días.

Sin embargo, las cosas no sucedieron de esa forma. Damocles decidió dedicar la tarde entera a cocinar papas al horno para su querida Nana. Nada especial. Tan sólo uno de los platillos típicos de la cocina griega tradicional: cordero con papas al horno. Sin embargo, como sabe cualquier chef, lo importante no es lo *que* cocinas sino *cómo* lo cocinas. Sus papas iban a dejar boquiabierta a Nana. Prepararía las humildes y ordinarias pommes de terre para que lucieran como perfectas y distinguidas esferas. Sí, esferas como pequeñas canicas de mármol de tan sólo dos centímetros de diámetro, las cuales se deslizarían entre los labios escarlatas de Nana y se disolverían inmediatamente sobre su lengua, evitándole la molestia de masticarlas. Sería como si se las estuviera bebiendo.

Damocles se sentía bien. Tomó un pequeño cuchillo y se puso a mondar las papas en pequeños cubos que después tallaría hasta obtener esferas. Pero, cuando hubo terminado la décima, empezó a preocuparse: todas se veían idénticas y Nana podría pensar que habían sido hechas con una máquina. No le fue fácil a Damocles cambiar de plan pero, finalmente, decidió divertirse un poco y empezó a cortar las papas en cubos de diferentes tamaños que, a continuación, tallaba en esferas grandes y pequeñas. De esta manera, resultaría evidente que estaban hechas a mano por un hábil artesano de la cocina.

Quitó el exceso de grasa del cordero. Con una brocha le aplicó aceite de oliva, lo espolvoreó con especias y lo puso en una charola para hornear. Acomodó las papas alrededor de la pieza, las ordenó y, después, vertió sobre el cordero dos vasos de agua, un poco más de aceite de oliva y el jugo de dos limones. Le puso sal, pimienta y dos dientes de ajo picados y cubrió todo con aceite de oliva, empapando el conjunto con ayuda de una cuchara de madera. El horno estaba bien caliente. Damocles introdujo la charola y miró su reloj. Apenas tenía tiempo para hacer algunos baklava.

Tenía que pensar rápido y actuar con discreción para evitar que el aroma a comida se esparciera, inundando el ambiente y delatándolo. Tenía que cuidarse de Dimitris. Con este fin se vio forzado a sellar herméticamente las ventanas y a prender la calefacción pese a encontrarse en pleno verano (y era un verano particularmente cálido). También tuvo que bajar las persianas para evitar cualquier rayo de luz que pudiera ser visto desde el exterior.

Miró de nuevo su reloj. Faltaba poco para las nueve de la noche. Ella llegaría en unos minutos. Empezó a llevar a efecto el plan con el que derrotaría a Dimitris. Tomó el teléfono y llamó:

–¿Dimitris? Soy Damocles. ¿Me puedes decir qué hora es? Mi reloj dice las ocho y media, pero me preocupa que esté un poco atrasado. Pienso ir al teatro.

–¿Un poco? Estás muy retrasado. Ya son las 8:55. Sólo si te vas en este momento lograrás llegar. ¿Qué es lo que vas a ver?

–*Babilonia* en el teatro Herodion —contestó Damocles, intentando sonar creíble. Estaba a punto de colgar.

–¿Damocles? —lo interpeló justo antes Dimitris.

–¿Sí?

–Mira, si soy indiscreto dímelo, no es necesario que me contestes ahora. Quisiera saber qué dijo Nana cuando cancelaste la cita. ¿Cómo lo tomó?

–Tú conoces a Nana. Estuvo calmada; me dijo que, de hecho, había estado bien que le hablara porque ella también estaba pensando en cancelar, pues quería pasar más tiempo con su esposo y calmar sus inseguridades y suspicacias —dijo Damocles y espetó—: ¡hembras!

Esperaba poner a Dimitris en contra de ella.

–Tú también te oyes más o menos tranquilo —apuntó Dimitris.

–¿Qué me queda? Después de pasar tanto tiempo con Nana he aprendido a endurecer mi corazón.

–Oye, me encantaría ir contigo al teatro —dijo Dimitris. Pero voy a encontrarme con unos viejos amigos y no puedo cancelarles a última hora.

Cuando Damocles escuchó la frase: "Me encantaría ir contigo" casi le da un infarto. ¿Qué hubiera hecho en un caso así? Hubiera sido demasiado tarde para avisarle a Nana que no viniera; seguramente ya estaba en camino. ¿Qué pretexto inventar? Dimitris se habría dado cuenta que estaba traicionando el acuerdo. Ya no podría darle la cara; perdería su confianza. Por eso se sintió aliviado cuando el otro dijo que se encontraría "con unos viejos amigos".

–Discúlpame Dimitris, tengo que colgar —dijo Damocles—, o llegaré retrasado.

Y efectuó la salida más dramática posible. Azotó tras de sí la puerta de su departamento, caminó ruidosamente por el pasillo y se dirigió al elevador. Entró y oprimió el botón de la planta baja. Cuando llegó al cuarto piso, oprimió el botón que detenía el ascensor y salió. Tomó las escaleras y ascendió por ellas sin hacer ruido. Entretanto, oyó que la puerta del elevador se abría en su piso y se volvía a cerrar; finalmente escuchó el golpe de la puerta de la entrada principal. Dimitris debía haberse ido a su cita.

Lo cierto es que Dimitris estaba abordando un taxi para dirigirse al teatro Herodion. Por supuesto que no se iba arriesgar a ser descubierto durante la función. Planeaba instalarse en algún lugar cercano a la entrada principal. Un sitio discreto desde el cual pudiera monitorear lo que sucediera sin ser notado. Así podría observar si Damocles llegaba solo o acompañado de Nana. De ser necesario, esperaría a que la función terminara para verlo salir. Incluso si Nana llegaba tarde, tendría que verla llegar en el transcurso de las tres horas que Dimitris estaría vigilando.

Mientras tanto, Nana apareció en el departamento de Damocles. Esta vez con sólo una hora de retraso. Damocles la miró directamente a los ojos, con una sonrisa ligeramente sarcástica, sintiéndose satisfecho: una experiencia completamente nueva para él. Era la satisfacción que se deriva de romper un acuerdo, de traicionar a su cómplice, a su compañero de desgracia.

Esta satisfacción se convirtió en éxtasis cuando Nana, degustando su primera papa, declaró:

–Éstas no son papas: son besos. ¡Y qué besos! ¡Son tus besos! ¡Los besos más divinos que jamás haya probado! ¡Oh, Damocles, me vas a trastornar! Y ahora deseo... mejor dicho, te ordeno que me beses, y asegúrate que tus besos sean más deliciosos que estas celestiales papas; un poco más irresistibles que de costumbre. No te será fácil, pero sé que harás un esfuerzo. ¿No es cierto? Anda, Damocles, dime que lo harás.

–Trataré Nana, trataré —farfulló Damocles en pleno delirio. Y se pasó casi toda la noche besando a Nana una y otra vez, tratando de alcanzar ese beso, el beso que superaría a sus papas. Pero fracasó.

Nana fue muy comprensiva.

–No te desanimes Damocles, no te presiones. Mira, no importa. La próxima vez puedes volver a intentarlo.

Y así, el pobre y desventurado Damocles se quedó con la dulce promesa de la próxima vez.

CORDERO AL HORNO CON PAPAS

Poner un kilo y medio de pierna o espaldilla de cordero en el centro de una charola para hornear. Con una brocha ponerle aceite de oliva. Agregar sal, pimienta y cubrirla con una bolsa para hornear o con papel aluminio. Tomar 10 papas de tamaño mediano. Cortar cada una entre 6 y 8 dados y ponerlos al derredor de la carne. Añadir 2 tazas de agua, 1/3 de taza de aceite de oliva, el jugo de dos limones pequeños, 3 dientes de ajo, sal y pimienta. Mezclar perfectamente. Poner a hornear a temperatura media durante 2 horas, volteando las papas de tiempo en tiempo. Quitar la envoltura y dejar que las papas se mezclen con los jugos. Voltear la carne para que se dore de manera uniforme.

Este delicioso platillo, tan tierno como un manjar turco, se acompaña mejor con una ensalada de lechuga rocket.

ENSALADA DE LECHUGA ROCKET

Lavar las hojas de lechuga quitándoles los tallos. Cortar las hojas grandes por la mitad, secar y ponerlas en un cuenco de ensalada. Añadir el aderezo hecho con 3 cucharadas de aceite de oliva, una cucharada y media de vinagre, un diente de ajo machacado, sal y pimienta. Aliñarla bien y decorarla con granos de granada escarlata.

VERDES Y FRESCAS HOJAS DE PARRA

Al día siguiente fue Dimitris quien rompió el acuerdo. Él nunca consideró seriamente la disyuntiva de ver o no a Nana. Para él no existía tal dilema. Desde su punto de vista, ninguna promesa valía más que el deseo de estrechar a Nana entre sus brazos, o de beber la felicidad de sus labios, o de mirar el fulgor en sus ojos mientras obtenía placer de ese cuerpo tan maravilloso, tan ávidamente deseado.

"Pero ¿qué sucederá con Damocles?", se pregunto. "El pobre es tan tonto que sólo podrá culparse a sí mismo."

Sea como fuere, la idea de limitar el tiempo que pasaba con Nana resultaba absurda. Además, esta idea no había sido suya, sino de Damocles, quién se merecía todo lo que le sucediera. Además, el acuerdo no fue por escrito. Dimitris no había firmado nada. Si Damocles era capaz de prescindir de Nana ¡qué bueno! Ése era asunto de Damocles. Él, en cambio, no podía, no podía y no podía. Así que ¡asunto resuelto! Él vería a Nana y si Damocles lo averiguaba, pues que se fuera al diablo. A él le daba igual.

Dimitris había pasado toda la mañana en la cocina preparando pequeñas tapas justo del tamaño de un bocado, rellenando hojas de parra para deleitar al epicúreo paladar de Nana. Hojas de parra rellenas con arroz de grano largo, cebolla, un toque de ajo y hierbas finas; todo delicadamente envuelto en las acariciantes, tiernas y frescas hojas de la parra.

Se las ingenió para tener la comida lista a buena hora. Lo único que le faltaba por preparar era la salsa de huevo con limón. Una vez que lo hiciera, podría dedicarle unos minutos a sus pensamientos masoquistas. Repasó una vez más la pesadilla de los días anteriores. Lo que más le molestaba era el hecho de que Nana lo hubiera estado engañando durante tanto tiempo. Es cierto que también había engañado a Damocles, pero al menos él se dio cuenta antes. Esto quería decir que Damocles le llevaba cierta ventaja, pues sabía exactamente qué estaba pasando, tenía conocimiento de todos los hechos y pudo establecer las reglas del juego y adaptarlas a sus necesidades. Damocles había actuado con perspicacia, lo cual significaba que, quizá, no estaba del todo cegado por la pasión y que, incluso, podía manejar el problema de manera más hábil que él. Dimitris necesitaba pensar con claridad y actuar con cuidado. Pensó que, tal vez, en su estúpida devoción, había proporcionado datos relevantes a su rival sobre los movimientos de la infiel, y Damocles, hábilmente, se aprovecharía de esta información. Sea como fuere, Damocles parecía llevarle la delantera. En sus momentos más cuerdos, cuando la animosidad hacia su vecino era menor y se podía contener, Dimitris era capaz de aceptar que en este duelo quizá no habría vencedores ni vencidos. Y es que, en el fondo, lo que ellos hacían era compartir el mismo delicioso trofeo y beber de la misma copa amarga.

La situación estaba adquiriendo una inercia desesperante. Los duelistas habían caído en un círculo vicioso. El hecho de que ambos se conocieran no beneficiaba a ninguno de los dos. Nana no estaba al corriente de este hecho y continuaba actuando como siempre, como la rompecorazones que era. Si Dimitris y Damocles no tomaban el control y pasaban a la acción, las cosas se mantendrían así indefinidamente. ¿De qué le había servido saber si, de cualquier forma, no iba a hacer nada? Y lo mismo podía decirse de su rival.

Dimitris apretó los dientes y decidió actuar. El pacto con Damocles era absurdo. Si lo mantenía y limitaba sus encuentros con Nana, lo más probable es que ella decidiera añadir un tercer amante a su colección. Ella era capaz de eso y más. También se corría el riesgo de que la muy egoísta interpretara su alejamiento como desinterés y, sin mayor ceremonia, lo desechara. Incluso podría desechar a los dos.

Dimitris aclaró sus pensamientos y se decidió: no sólo conservaría su día exclusivo con Nana, un día fuera de los acuerdos, sino que trataría de verla durante los días que le habían correspondido a Damocles. Ello con el ánimo de demostrarse que él estaba ganando, estableciendo casi un monopolio total sobre Nana, en tanto que Damocles quedaba reducido a un papel secundario. Esto implicaba ocultarle a su rival las visitas de Nana.

Como Nana estaba por llegar en cualquier momento, tenía que pensar rápido. El método al que recurrió fue exactamente el mismo que Damocles había puesto en práctica la noche anterior. Era su turno de cerrar las ventanas, bajar las persianas, encender la calefacción y organizar su falsa salida. Azotó la puerta, llamó al ascensor, entró y bajó, fue hasta el vestíbulo de la entrada, ascendió por las escaleras hasta el sexto piso, regresó a su departamento y esperó a que Nana llegara. Sonrió satisfecho. Imaginaba a Damocles tratando frenéticamente de conseguir un taxi que lo llevara hasta el teatro Herodion. No se había olvidado de telefonear antes a su vecino, quien había elogiado a *Babilonia*, poniéndola por los cielos y afirmando que era demasiado buena para perdérsela.

Poco después Nana ya estaba pronunciando ante él la frase: "Una pálida salsa de huevo y limón santifican las hojas de parra con una pincelada de luz". Mientras que Dimitris, inspirado por la clásica pose de Nana, no dejaba escapar la oportunidad de entonar una canción sobre esas partes del cuerpo donde se llevan los ligueros y que él quería inmortalizar en versos como el siguiente: "Corona de laurel, envuelve su inmaculada piel de alabastro".

Dimitris intentó preguntarle a Nana si podían verse también al día siguiente, pues cayó en la cuenta de que tenía el campo libre, ya que el acuerdo —el cual ya había decidido violar— establecía reunirse con Nana cada cuatro días y, por lo tanto, Damocles no la vería mañana. Sin embargo, antes de que pudiera preguntar, Nana suspiró profundamente.

–¿Por qué suspiras?

–Pensaba en mañana. Será un día terrible: mi primer aniversario de bodas. Y como ya te imaginarás, tengo que pasar cada minuto al lado de mi marido.

Dimitris respondió con un suspiro todavía más profundo. Se había arruinado su plan, al menos, por el momento. Y aunque decepcionado, halló cierto consuelo al pensar que Nana no vería tampoco a su otro amante. Al mismo tiempo, no pudo evitar preguntarle por qué no se divorciaba.

–Para empezar, ni siquiera entiendo por qué te casaste con él.

La respuesta de Nana lo mandó directamente al cielo:

–¿Por qué me case con él? ¿No es obvio? ¡Lo hice para amarte con libertad!

HOJAS DE PARRA RELLENAS

Para el relleno, usar exactamente los mismos ingredientes que para los vegetales rellenos (véase la página 59), pero sin el jugo de tomate. Tomar 30 hojas de parra, frescas, tiernas, tamaño mediano, blanquearlas durante un minuto en agua hirviendo y enjuagarlas con agua fría.

En la base de cada hoja, poner una cucharadita del relleno. Enrollar la hoja alrededor del relleno para formar pequeños y firmes cilindros de 3 a 4 centímetros de largo.

Tapizar el fondo de una cacerola con unas hojas de parra y arreglar los pequeños cilindros en filas. Añadir dos tazas de agua y media taza de aceite de oliva. Poner un plato más pequeño invertido sobre los cilindros de hojas de parra y poner encima algo de peso, una piedra, etcétera, para ejercer presión sobre las hojas y evitar que se abran o que se aflojen mientras se cuecen. Hervir, a fuego medio, durante 30 minutos o hasta que el líquido sea absorbido o se evapore. Servir las hojas frías acompañadas con limón.

HOJAS DE PARRA RELLENAS CON SALSA DE LIMÓN

Poner una cucharadita cafetera del relleno para rollos de hojas de col (véase la página 60) en cada una de las hojas de parra, pequeñas y previamente blanqueadas en agua. Envolver las hojas alrededor del relleno y poner a cocer —como en la receta anterior. Por último, usando un poco del relleno, hacer una salsa de huevo y limón y servir las hojas de parra tibias cubiertas con la salsa.

Comida facsímil

Damocles no pudo dormir en toda la noche. El día anterior, cuando Dimitris azotó la puerta tras de sí para dar la impresión de que había salido, Damocles, con el fin de no perder detalle de cuanto estaba sucediendo, se quedó espiando a través de la mirilla de su puerta. Fue así como pudo confirmar sus sospechas. Menos de un minuto después vio cómo Dimitris entraba de nuevo en su departamento. Y menos de una hora después divisó a Nana ingresar a territorio enemigo. Damocles fue hasta su recámara, se acostó completamente vestido y, en la más completa oscuridad, se dispuso a realizar un maratónico autoexamen.

El acuerdo pactado con Dimitris era claramente ridículo. "Fui el primero en renegar de un arreglo que yo mismo había propuesto. Reconozco que fue un error, que en el fondo no era sino una coartada. Cada bando debió haber acordado permanecer frente al otro las tardes que normalmente destinaban a Nana. Pero, francamente, la sola idea de pasar toda la tarde en compañía de Dimitris... Por eso tuve que violar lo acordado, aun en contra de mis deseos o de mi orgullo. La necesidad de tener a Nana entre mis brazos fue más fuerte. En cuanto al orgullo, parece que Dimitris desconoce el significado de esa palabra. Y ahora le daré la satisfacción de que crea que me ha burlado. Él piensa que ignoro cuál es su juego. Bien, dejemos que crea que fui al teatro ayer. Dejemos que crea que no vi a Nana. Dejemos que viva de nuevo en la bendita ignorancia —doblemente bendita— ya que supone que me ha engañado y que yo aún mantengo el acuerdo. Pero no lo dejaré disfrutar de su ignorancia durante mucho tiempo. Le demostraré que no soy el tonto que él supone y que, una vez más, le he tomado la delantera, pues yo rompí el pacto primero. Sabrá que soy el menos confiable de los dos. El acuerdo quedará rescindido de inmediato."

Así, Damocles invitó a Dimitris a comer con el pretexto de compartir un pollo de granja que un amable pariente le había mandado de su pueblo. Al ver el pollo, el cual se encontraba cortado en trozos en un plato, Dimitris estuvo seguro de la honestidad de Nana. Su amada estaría, en efecto, celebrando el primer aniversario de su estúpido matrimonio con su estúpido esposo y, por lo tanto, Damocles no la vería esa noche. Si no fuera así, Damocles hubiera apartado un poco de pollo para la cena. Por unos instantes, Dimitris se sintió culpable ante la generosidad de su oponente, quien era capaz de compartir con él una comida tan deliciosa y elaborada. Sin embargo, la culpabilidad se disipó de inmediato; en este tipo de confrontaciones no había cabida para la culpa.

Volvió a empuñar la espada y se lanzó de nuevo al combate. Devoró el pollo hasta dejar sólo los huesos, como si de esa forma descartara cualquier posibilidad de que Nana lo probara. Pero, cuando se encontraba tragando el último bocado, fue presa de un súbito temor. Advirtió de pronto que Damocles no había servido el pescuezo ni las alas. Ello resultaba sospechoso. Entonces recordó que él nunca le había preparado pollo a Nana. Quizá ésas eran las piezas que ella prefería. Pero, antes de que tuviera tiempo de atormentarse con tales ideas, Damocles le ofreció una sopa de pollo con salsa de huevo y limón, la cual había sido preparada con las alas y el pescuezo del ave. Cuando Dimitris hubo tomado la última cucharada de la aterciopelada crema, comenzó a relajarse, gozando con la perspectiva de pasar el resto del día sin ansiedad. Sin embargo, fue devuelto a la tierra por Damocles, quien estaba a punto de enseñar sus cartas:

–Aún no me has comentado qué piensas de *Babilonia.*

–*¿Babilonia?* —farfulló Dimitris atolondrado. Bueno, ¿qué te puedo decir? Me pareció fantástica, en verdad sorprendente. Estabas en lo correcto, me alegra que me hayas persuadido de verla.

Y Damocles, tan ignorante de la trama como Dimitris, pero partiendo de la tesis de que todas las obras de teatro están centradas en el tema del amor, decidió prolongar su interrogatorio y divertirse un poco a costa de su rival.

–¿Qué piensas de la actriz principal?

–¿Qué te puedo decir? Era exactamente como todas las primeras actrices que he visto.

–¡Seguro que no! Había algo especial en ésta.

–Cierto, pero no tan especial.

–Quizá tengas razón. Quizá le faltaba presencia escénica.

–Sí, fue algo intermedio entre la presencia y la ausencia —afirmó Dimitris, tratando de seguir los razonamientos de Damocles y de anticiparse a su próxima observación. De esta forma buscaba evitar las contradicciones que lo hubieran puesto en ridículo.

–Su apariencia no le ayudó. No convenció por su falta de belleza. Para decirlo de manera elegante: era horrible.

–Sí, eso me impactó cuando la vi en escena. Pero estoy seguro de que tiene talentos ocultos —afirmó Dimitris, tratando de permanecer neutral.

–Sí, pero están tan ocultos que nadie pudo notarlos. No me convenció. Además, la obra estaba muy mal escrita. ¿Cómo es posible que, cuando la heroína trata de que el cornudo de su amante regrese, decide tirarse al mar desde el puente de un trasatlántico, conociendo perfectamente bien la poca profundidad del mar en ese punto? —señaló Damocles.

–Cierto. ¿Cómo puede un inmenso trasatlántico navegar en aguas tan poco profundas?

–Licencia poética.

–¡Licencia poética! —repitió Dimitris riéndose.

–Nunca había visto nada tan extravagante en el teatro —dijo Damocles.

–¡No puedo entender por qué insististe en que fuera a ver una obra tan ridícula!

–Agradece no haberla visto.

–¿Qué quieres decir? ¿Insinúas que no la vi? —Dimitris fue sacado de balance.

–Si la viste, peor para ti. Yo hice todo lo posible por perdérmela —dijo Damocles, manejando la situación y conduciendo a Dimitris de sorpresa en sorpresa. No, Dimitris, yo no estaba en el teatro esa noche. ¿Cómo podía si me encontraba cenando con Nana?

–¿Con Nana? ¿Qué pasó entonces con nuestro acuerdo? —preguntó Dimitris pasmado.

–Rompí los términos del acuerdo y vi a Nana. Y te quiero decir, además, que la voy a ver hoy. Si tú eres un estúpido y te alejas de ella, es tu problema.

–¿Yo? ¿Estúpido? —protestó Dimitris. Por supuesto que la vi ayer y también la voy a ver mañana.

Después de lo cual los dos rivales declararon el pacto nulo y abolido. Cada uno se sentía satisfecho de no haber sido engatusado por el otro. Brindaron juntos por su triunfo. Sin embargo, su ánimo se fue volviendo sombrío cuando se pusieron a considerar las torturas que les esperaban más adelante.

Fue Dimitris el que rompió el silencio:

–¿Qué le vas a servir a Nana hoy por la noche? Recuerda que me acabé el pollo.

Entonces Damocles dejó que Dimitris entrara a la cocina y, con ademanes exagerados, levantó la tapa de dos sartenes para mostrarle el contenido a su atónito adversario. En el primero había okra, en el segundo sopa de pollo.

–Éste era el guiso original —le dijo Damocles. Tú recibiste la copia.

–Nunca antes me habían ofrecido comida facsimilar —respondió Dimitris perplejo.

–Ésta es la cena de Nana, el artículo genuino.

–Entonces, ¿qué comí? ¿Qué me ha indigestado?

SOPA DE POLLO

Poner un pollo pequeño (con las alas y el pescuezo) en una cacerola grande. Cubrirlo con un litro de agua fría y dejarlo hervir. Espumar las impurezas. Añadir una cebolla, cortada por la mitad, un diente de ajo, una zanahoria grande cortada en tres pedazos, una papa chica, un tallo de apio, una hoja de laurel, sal y pimienta.

Cocinar durante otros 45 minutos a fuego moderado. Pasar el líquido por un colador fino y depositarlo en una sopera, presionar los vegetales con una cuchara de madera. Sacar y reservar el pollo.

Poner el líquido nuevamente en una cacerola limpia. Añadir 1/3 de taza de arroz. Llevar a hervor y cocinar durante otros 15 minutos a fuego medio,

Sacar del fuego. Hacer una salsa de huevo y limón en la sopera usando un poco del líquido en la forma ya descrita.

Verter el resto del líquido a la salsa de huevo y limón, integrar.

Deshuesar la carne del pollo y servirla en la sopa.

POLLO CON OKRA

Tomar un kilo de okras pequeñas de 3 a 4 centímetros de largo. Lavar perfectamente. Con un movimiento circular quitar el rabo con un cuchillo mondador. Poner la okra sobre una charola de horno y agregar sal. Salpicarla con unas gotas de vinagre. Dejar al sol o bien meter en el horno a la temperatura más baja posible durante 3 horas. Retirar. Freír en aceite de oliva durante unos dos minutos.

Mientras tanto, en una cacerola grande freír las piezas del pollo en aceite de oliva hasta que se doren. Quitar el aceite y reservar. Poner las piezas de pollo en un platón de servicio. Salpimentar.

Retirar el aceite en que se frieron y remplazarlo por 2 tazas de agua, una taza de jugo de tomate fresco, 1/2 taza de aceite de oliva y dos o tres dientes de ajo finamente picados. Llevar a hervor, rascando muy bien el fondo de la cacerola para evitar que se queme. Regresar las piezas de pollo a la sartén, cubrir y dejar cocinando a fuego suave durante 45 minutos. Añadir la okra y continuar guisando durante otros 15 minutos.

PEQUEÑAS PRINCESAS QUISQUILLOSAS

Había transcurrido casi un mes desde que se rompió el acuerdo. Un acuerdo nunca respetado por ninguna de las partes. Fue un mes extenuante tanto para Dimitris como para Damocles. Más de una vez habían intentado romper las cadenas de su esclavitud, curarse de la adicción a su amante. Pero, tan pronto como realizaban una alianza, la rompían. Una mirada lasciva de Nana, un gesto seductor y todos los planes, todas las promesas, se evaporaban.

Ante la imposibilidad de alterar este estado de cosas, se condenaron a sí mismos a vivir en un infierno. Esto último se reflejó en su conducta: desconcierto, miradas amenazantes, testarudez, tensión muscular, nervios alterados, hablar titubeante. Cuando alguno de ellos tomaba a Nana entre sus brazos, el calor que emanaba de ese provocativo cuerpo no era suficiente para despertar su entusiasmo. Sus besos eran como sellos de goma estampando palabras vacías en esos labios deliciosos y adorados.

Incluso el desempeño de ambos en la cocina se vio afectado. Los platillos que solían servirle a Nana fueron perdido ese je ne sais quoi que los había colocado por encima del promedio, más allá de los guisos comunes y corrientes que cualquier ama de casa es capaz de preparar. Los dos habían perdido su toque, esa elusiva e indefinible cualidad que los distinguía y en la que todos los detalles importan, ese don que hacía de la cocina algo más que una simple actividad: un verdadero arte, efímero quizá, pero, de todas maneras, un arte. Y quizá mucho más que eso, si consideramos la inversión emocional requerida para repetir el anhelo de sabores efímeros y de platillos fugaces que, una vez servidos, les recordaba a los tres la esencia de la belleza y el hecho de que, con cada bocado, se aproximaban al momento de la separación definitiva: la muerte. Esos momentos, inmortales en el éxtasis del paladar, llegaban a su fin. Damocles y Dimitris habían cruzado el umbral de un mundo en el cual la dicha y la satisfacción estaban desterradas.

Nana no pudo dejar de advertir tales cambios en sus amantes. Estos cambios, así como toda una cadena de coincidencias y algunas observaciones sarcásticas, la hicieron sospechar. Su instinto le indicó que había sido descubierta. Antes o después —más bien después—, los muy tontos la llamarían a cuentas, romperían su absurda parálisis en un esfuerzo por restañar las heridas de su ego.

Nana, más enamorada del juego del amor que de los jugadores, tuvo un desempeño perfecto. Tan perfecto que podía reavivar a voluntad el deseo en el corazón de sus dos galanes. Ella también disfrutaba cada minuto, convenciendo a aquel con quien se encontraba de que estaba tan enamorada como pretendía. Pero, cuando se propuso convencerse a sí misma de lo mismo, se dio cuenta que, sencillamente, se había dejado llevar por la emoción del juego. En el gran juego del amor, lo que *parece ser* es más poderoso que lo que *de hecho es*, pero *lo que es* debe ser distinguido con claridad de aquello que *parece* para poder disfrutarlo de verdad. Y únicamente un romance que juegue con estas reglas puede brindar felicidad. Así era el amor según Nana. Mientras que el amor "real", amor al estilo Damocles y Dimitris, sólo trae desesperación y desánimo.

Nana estaba resuelta a no dejar que estos dos tontos cambiaran las reglas. Decidió encargarse del próximo round y hacer todo lo que estuviera a su alcance para restablecer la dicha y la felicidad que se estaba perdiendo. Ella se adelantaría a cada nuevo movimiento y, recurriendo a una serie de mentiras bien intencionadas, crearía nuevos escenarios y nuevas oportunidades de placer y de indulgencia.

La siguiente vez que estuvo con Damocles logró lo imposible: fingió ser la más desgraciada de los dos. De esta forma lo colocó en una posición tal que él era quien debía confortarla.

–Su comienzo inició con su final —empezó a decir Nana, imitando a la enigmática forma de hablar de la sibila délfica. Los cimientos de una nueva relación amorosa descansan sobre la ruina de la inmediata anterior.

Y mientras Damocles se veía a sí mismo como la encarnación de "la ruina de la inmediata anterior", los labios de Nana continuaban lanzando palabras y humo al aire.

–Cuando me estaba enamorando perdidamente de ti, alguien más estaba, desgraciadamente, enamorándose de mí, aunque sin posibilidades de éxito. Para ese alguien yo era todo y todavía lo soy. Él vive y respira por mí. ¿Cómo podría privarlo del aire que respira? ¿Cómo? Acaso no ves que para él soy tan importante como lo soy para ti. Ello sólo puede significar que yo soy la vida misma. ¿Puede ser así? Porque tú vives y respiras sólo para mí ¿No es cierto, Damocles? ¿Podría yo privarte del aire que respiras? —la capacidad de Nana para el melodrama estaba alcanzando nuevas alturas. Deberías ser sensible a la posición tan delicada en que me encuentro. Necesito de tu apoyo. ¿Cómo podría yo condenar a la miseria a alguien que me ama? ¿A alguien que, en algún momento, me importó un poquito? Durante estos dos meses, desde que te entregué mi corazón, te he amado como nunca había amado. Mi único deseo ha sido estar contigo y sólo contigo.

–Y lo estarás, Nana. Sólo conmigo, ¡conmigo! —susurró Damocles entornando los ojos.

–Pero ¿cómo puedo deshacerme de Dimitris? ¿Cómo apartarme de él sin tener que matarlo? —preguntó Nana con un aire de determinación que parecía tratar de imponerse sobre su tristeza.

Damocles nunca se había sentido tan dichoso. Nana le estaba conduciendo a las más altas regiones del cielo. Además ella estaba mostrando una generosidad y una honestidad incomparables. ¿Cómo era posible? ¿Cómo podía esa naturaleza tan diabólica ser ahora tan comprensiva y mostrar tanta misericordia, tanta humanidad, tanta piedad, tanta generosidad? Esas virtudes sólo pueden provenir de alguien que está enamorado. Eso quería decir que Nana *estaba* enamorada. Locamente enamorada. Estaba enamorada de él.

"Y yo, siguiendo su ejemplo, trataré a mi rival con la misma generosidad, la misma piedad, la misma humanidad, la misma compasión. Después de todo, Dimitris no es un desconocido, es mi amigo, un amigo verdadero", se dijo a sí mismo Damocles.

–Vas a tener que dejarlo poco a poco. No queremos que Dimitris salga lastimado —dijo Damocles, confiando en que de este modo se apuntaba con Nana un tanto a su favor.

–Es cierto. Voy a necesitar algo de tiempo para ir preparando la ruptura —afirmó Nana mientras luchaba con sus emociones.

–Estás en lo cierto Nana. No puedes desaparecer súbitamente de su vida.

–Con un mes será suficiente.

Damocles estuvo de acuerdo, aunque le fue poco placentero reconocerlo.

–¡Tómate dos! —dijo él con la magnanimidad que conlleva la victoria, mientras los dos amantes se abrazaban tiernamente antes de abandonarse a los placeres de unas alcachofas de Constantinopla.

–Pobre Dimitris —se lamentó Nana mientras probaba el primer bocado. Si sólo pudiera degustar tus alcachofas. ¡Ése sería su fin! Nunca más trataría de hacer de nuevo alcachofas. El problema es —y él se daría cuenta de inmediato— que sólo es capaz de preparar alcachofas, mientras que tú creas pequeñas princesas quisquillosas.

117

ALCACHOFAS DE CONSTANTINOPLA

Quitar los tallos y los pétalos exteriores (sí, los pétalos, pues las alcachofas son flores) de 8 alcachofas, reteniendo sólo los corazones. Embadurnarlos con limón y ponerlos en una sopera con sólo la suficiente agua para cubrirlos y con una cucharada de harina, previamente desleída en agua fría.

Rebanar de 5 a 6 cebollitas de rabo en pequeños anillos de aproximadamente medio centímetro de ancho y freírlos en una sartén, con aceite de oliva bien caliente. Añadir las alcachofas, el agua con harina, medio bulbo de hinojo finamente picado, sal y pimienta. Añadir una taza extra de aceite de oliva y el jugo de dos limones pequeños.

Poner a punto de ebullición entre 20 y 25 minutos.

La delicada Nana provoca indigestión

El mes que Nana necesitaba para deshacerse de Dimitris fue una luna de miel para Damocles, quien estaba radiante, colmado de amor y confiado en su inminente y definitiva victoria.

Guiado por una especie de dulce impaciencia, hizo todo posible para provocar algunos encuentros con su rival. Quería seguir de cerca los cambios en su comportamiento. Con malicioso placer estudió el rostro de Dimitris buscando huellas de ansiedad o melancolía, tratando de advertir en sus gestos los diversos estados por los que estaría atravesando el proceso de separación de Nana. Tan fuerte era su confianza que no se preocupó por mantenerse informado de los detalles. No quería verse involucrado en el lamentable asunto. Nada debía empañar el gozo que le producía sentirse superior. Además, no experimentaba la más mínima necesidad de acelerar el proceso. Quería mostrarle a Nana que él entendía y respetaba la delicada situación en la que ella se encontraba en esos momentos.

Sin embargo, el plazo se fue alargando y

Damocles, a pesar de su gran poder de observación y a los cada vez más frecuentes encuentros con su víctima, no pudo detectar ninguna manifestación de melancolía en el rostro de Dimitris.

Y cuando el plazo de dos meses transcurrió —plazo que el propio Damocles había sugerido para no ser demasiado crueles con el pobre de Dimitris—, Nana pidió más tiempo. En ese momento Damocles comenzó a inquietarse. Tuvo que admitir que su rival no se mostraba derrotado o deprimido. Al contrario, parecía alegre, festivo, como si también estuviera gozando de una luna de miel.

¿Y cómo podía ser de otro modo? Cuando las cosas empezaron a ponerse un poco difíciles con Dimitris, a Nana no le quedó otro recurso que utilizar la misma estrategia, explicándole que necesitaba tiempo para deshacerse de Damocles sin herirlo demasiado.

La única diferencia entre ambos era que cuando concluyó el plazo de Damocles, el segundo mes de Dimitris apenas comenzaba. Así, fue hasta que concluyó el tercer mes de Damocles (el cual coincidía con el segundo de Dimitris) que la situación volvió a adquirir un tono de desesperanza y desencuentro erótico.

Durante un almuerzo a medio día en el que se reunieron los tres (la estricta rotación con sus atormentados amantes aún la realizaba Nana por las tardes) ellos le describieron sus tormentos y tribulaciones y las pusieron, con detalles muy vivos, en sus manos, permitiendo que la completa magnificencia de Nana se revelara una vez más.

Después de la comida, que consistió en un lechón asado, que se "bajaron" con mucha retsina, se fueron juntos, borrachos y aun más enamorados que antes. Pero fue Nana, más que las grandes cantidades de colesterol que consumieron, lo que les provocó indigestión.

Azúcar pulverizada, blanca como la nieve, en el corazón de los amantes

Damocles y Dimitris ya no estaban dispuestos a compartir su infelicidad por más tiempo. Todas las avenencias posibles, todas las combinaciones y los acuerdos habían sido probados sin éxito. Ya ni siquiera les quedaba la esperanza de que ella eligiera entre alguno de los dos, lo cual los habría liberado, al fin, del nudo gordiano que los ataba. Al contrario, daba la impresión de que ella quisiera conservarlos a ambos. ¿Y por qué no habría de hacerlo? Hubiera sido casi imposible conseguir dos amantes más perfectos. ¿Dónde encontraría hombres tan desesperadamente embrutecidos, dispuestos a besar el piso por donde ella pasaba y a que los usaran como tapetes?

Durante una reunión de emergencia particularmente dramática y en la que no faltó una gran variedad de platillos muy masculinos, es decir, con un alto y dañino contenido de grasa (incluyendo los embutidos con vísceras y otras memorables combinaciones de menudos), Damocles y Dimitris llegaron a la conclusión de que era necesario poner punto final a sus sufrimientos. Necesitaban, sin embargo, encontrar una manera digna de hacerlo. Por ejemplo, mediante un duelo culinario. Los dos prepararían el mismo platillo —una moussaka tradicional— y durante la decisiva comida realizada en común, Nana elegiría la mejor moussaka. El chef triunfador se quedaría con el afecto de Nana para él solo, mientras que el perdedor se retiraría en silencio, dignamente, renunciando a ella para siempre.

Los condiciones del acuerdo estuvieron sujetas a un riguroso escrutinio. Las reglas de la competencia y el modo de proceder después de la victoria fueron explícitamente declaradas. Acordaron que su amistad, una amistad que había sido puesta a prueba en condiciones tan difíciles, no terminaría. Pero que el vencedor nunca hablaría de su felicidad con el perdedor. Tampoco haría la más mínima referencia directa o implícita a Nana ni a nada que pudiera recordarle al derrotado ese paraíso perdido. El problema era que esto no resultaría sencillo. ¿Cómo mantener la discreción entre vecinos? El perdedor no podría vivir el resto de sus días con las ventanas selladas y la casa a prueba de ruido. Discutieron el problema largamente hasta concluir que el vencedor debería mudarse a un departamento situado en otra parte de la ciudad. Pero enseguida rechazaron esta solución por fría y despiadada. Entonces consideraron que el perdedor podría, a pesar de todo, encontrar algún tipo de felicidad en el hecho de saber que la mujer de sus sueños estaba, por decirlo así, flotando en el aire alrededor suyo, como un perfume o una nube.

Después de estas complejas negociaciones —durante las cuales ambos varones se habían puesto por turnos en la situación de vencedor y en la de vencido—, decidieron que quien perdiera tendría como recompensa, al menos, la incomodidad de Nana, cuando, sin ningún anuncio previo, se presentara ante ella y le reclamara su cruel engaño. Sin embargo, antes de que cada uno partiera rumbo a su propia cocina para trabajar en la decisiva y fatal moussaka, una profunda melancolía los invadió.

–Bueno, la mejor de las suertes —dijo Damocles con cierto aire de generosa afectación. La mereces Dimitris. Francamente no te puedo imaginar sin Nana; ¡*serías* tan desgraciado!

–Yo tampoco puedo imaginarte sin ella. Terminarías convertido en una piltrafa humana. Se me parte el corazón al pensar en ello. ¡*Serías* tan miserable!

–Por lo que veo, Dimitris, ésta es una de esas situaciones en las que no puede haber triunfador. No importa si gano o pierdo; en cualquier caso, estaré condenado a la desdicha, pues tendré que enfrentarme *a tu* infelicidad. Creo que mejor voy a perder.

–¡Dejemos entonces que sea el mejor hombre el que pierda!

–¡Sí, que pierda el mejor!

Se besaron en la mejilla, como si fueran héroes rumbo a la batalla.

Esa tarde, los duelistas esperaron ansiosamente la llegada de Nana. Dimitris había traído de su casa un mantel bordado a mano, su porcelana más fina, la plata de la familia y unas pesadas copas de cristal que reflejaban la luz de las innumerables velas que habían encendido y que lanzaban un resplandor juguetón.

Nana apareció con una hora de retraso. Lucía más seductora y amorosa que nunca. Más blanca que la porcelana, más brillante que la recién pulida plata, más radiante que el cristal. Abrazó a sus dos atónitos y silenciosos amantes y se echó a reír irrefrenablemente. En cuanto ella sacó un cigarrillo, los rivales compitieron entre sí para encenderlo. Nana, como de costumbre, frunció con delicada fineza sus labios rojo cereza para lanzar con más facilidad los anillos de humo de color azul. Ella había tomado su acostumbrada pose en el sillón y estaba explorando las posibles variaciones. Se puso de pie con lánguidos movimientos de gato salvaje. Luego se volvió a sentar y se estiró, dejando a ambos hombres perplejos. Estaba realizando una representación única e inspirada, recurriendo a todo su arsenal de encanto y coquetería, a la gama completa de sus talentos naturales y cultivados. Desplegó ante sus asombrados admiradores una especie de collage con las actitudes y gestos con los que alguna vez los había impresionado.

Después de este teatral preludio, era el momento de pasar a la mesa. Dimitris y Damocles se retiraron a la cocina. Ninguno de los dos se atrevió a quedarse a solas con Nana. La sugerente mirada de ella los había asustado. Se lanzaron a la cocina para darle los últimos toques a los platillos que serían servidos esa noche. Ambos estaban cumpliendo al pie de la letra con las reglas de duelo. A su debido tiempo, los contendientes sirvieron dos pequeñas porciones de moussaka en el plato de Nana. No era mucho, apenas lo suficiente para satisfacer el delicado apetito de su diosa. Damocles acompañó su ofrenda con una flor de jazmín, Dimitris lo hizo con un botón de acacia.

La competencia había comenzado. Naturalmente, Nana ignoraba qué chef había preparado cada una de las porciones. Tampoco sabía cuáles eran las cláusulas del encuentro y —lo que era más importante— la naturaleza del premio. Los participantes, petrificados, mostrando una palidez de muerte, siguieron los movimientos del tenedor de Nana. Trataron de leer sus labios, de descifrar los mensajes de aceptación o rechazo. Nana, gozando al máximo con su papel de diosa, se llevaba alternativamente una u otra porción a la boca. Tenía los ojos entrecerrados y masticaba con lentitud, tratando de extraer la esencia de cada bocado. Cuando el plato quedó al fin vacío, los contendientes estaban atentos a sus palabras.

–Gracias a ambos —comenzó a decir ella llena de emoción. Gracias por todas las cosas que han preparado para mí, gracias por todo lo que me han dado: sus almas, sus cuerpos, sus palabras, sus ojos, sus salsas. Ésta es nuestra última cena. No los volveré a ver nunca más.

En cuanto terminó de decir esto, las lágrimas inundaron sus ojos.

–A los dos les dije que era casada. Pues bien,

no es cierto. Les mentí porque era la única manera de tenerlos a ambos, de disfrutarlos a los dos en igualdad de circunstancias. De hecho —continuó ella y pronunció así su última mentira, la granada de mano del adiós —, mañana me caso. Por eso tengo que despedirme de ambos para siempre. Pero, con todos los recuerdos deliciosos que guardo de ustedes, estaré engañando a mi esposo día y noche en mi corazón.

Y entonces, todavía con lágrimas en los ojos, se las arregló para murmurar, con una voz cristalina, la frase que tantas veces había pronunciado ante Damocles y Dimitris por separado:

–Toma diez erizos de mar, dos ráfagas de viento etesio y una gota de jugo de limón.

Se puso de pie con ademanes de reina. Caminó hasta la puerta y se volvió para encontrarse por última vez con las llorosas y atónitas miradas de los dos hombres. Luego abrió la puerta para salir.

Nana se había ido.

Pasó el tiempo, un largo tiempo: un año, varios años, toda una vida. Damocles y Dimitris, ahora entrañables amigos, aún más profundamente enamorados de Nana que antes, la celebraban en versos, en cuentos, en novelas que escribían con febril serenidad cada vez que tenían un momento y que, por las tardes, acostumbraban leerse en voz alta el uno al otro. El primer aniversario de su pérdida fue recordado con piadosa emoción con un plato de kolliva, exquisito mosaico de maíz, uvas pasas negras y uvas pasas blancas (sultanas), perejil finamente picado, almendras y avellanas fileteadas, semillas de cilantro molidas, granos de granada fresca y un azúcar tan blanca como la nieve de sus helados corazones.

MOUSSAKA

Tomar un kilo de berenjenas, cortarlas en rebanadas delgadas de tres o cuatro centímetros de diámetro, ponerlas a purgar en agua con sal durante una hora para reducir su amargor. Colar, enjuagar. A los medallones de berenjena ponerles sal y pimienta y saltearlos en aceite de oliva hasta lograr un color pálido. Tapizar con las berenjenas el fondo de un molde para hornear que tenga al menos seis centímetros de profundidad, asegurándose no dejar ningún hueco entre ellas.

Añadir una capa de picadillo de carne de res encima de las berenjenas. Añadir un nuevo nivel de rebanadas de berenjena seguido de una nueva capa de picadillo de carne molida. Y proseguir así sucesivamente. Agregar, por último, una capa de salsa bechamel.

Para la salsa bechamel, poner en una sartén o cacerola no reactiva, a fuego medio, 4 cucharadas de mantequilla, derretirla. Añadir 4 cucharadas de harina y dejar freír, sin dorar, mientras se mueve con una cuchara de madera. Añadir 3/4 de litro de leche fría, mover constantemente hasta obtener una crema espesa. Añadir, sin dejar de mover, 150 gramos de queso rallado (tipo parmesano), 1/2 cucharadita de nuez moscada recién rallada, sal y pimienta blanca molida. Retirar del fuego, dejar entibiar y montar en la salsa una yema de huevo.

Una vez que la salsa se le haya añadido a la moussaka, poner el molde en el horno a temperatura alta. Hornear de 30 a 40 minutos hasta que se forme una capa dorada.

Servir tibio.

PASTITSIO

Variación de la moussaka pero que en lugar de berenjenas requiere "tubos" grandes de pasta.

Cocer la pasta según las instrucciones del fabricante. Preparar el molde para hornear añadiendo un poco de mantequilla antes de deposita la pasta. Continuar como con la moussaka.

KOLLIVA

(Por tradición se sirve después de las ceremonias conmemorativas)

Remojar en agua 500 gramos de trigo entero la víspera. Cambiar el agua. Poner en una cacerola el trigo y mantenerla a punto de ebullición durante dos horas. Sacar la cacerola del fuego. Dejar enfriar y, mientras, que el trigo se hinche en el agua de cocción. Cuando el agua esté fría, colar. Extender las semillas sobre una toalla limpia para quitarles el exceso de humedad. A continuación poner el trigo en una ensaladera y añadir dos cucharadas soperas de migas de pan, muy finas. Agregar 3 cucharadas de azúcar pulverizada, 1/3 de avellanas bien picadas, 1/3 de almendras bien picadas, una cucharada sopera de semillas de cilantro quebradas en un mortero, tres ramas de perejil finamente picado y 1/2 taza de granos rojos de granada.

Las relaciones deliciosas,
escrito por Andreas Staïkos,
nos invita a degustar una
delicada mezcla de sabores,
olores y sensaciones,
aderezada con unas gotas
de humor y una pizca
de erotismo.
La edición de esta obra fue compuesta
en fuente palatino y formada en 12:14.
Fue impresa en este mes de mayo de 2002
en los talleres de Litográfica Ingramex, S.A. de C.V.,
que se localizan en la calle de Centeno 162,
colonia Granjas Esmeralda, en la ciudad de México, D.F.
La encuadernación de los ejemplares se hizo
en los talleres de Dinámica de Acabado Editorial, S.A. de C.V.,
que se localizan en la calle de Centeno 4-B,
colonia Granjas Esmeralda, en la ciudad de México, D.F.